INFORME DE LA OCDE SOBRE Cohecho Internacional

Análisis del delito de cohecho de servidores públicos extranjeros

OCDE

Por favor, cite esta publicación de la siguiente manera:
OCDE (2015), *Informe de la OCDE sobre Cohecho Internacional. Análisis del Delito de Cohecho de Servidores Públicos Extranjeros*, OECD Publishing.
http://dx.doi.org/10.1787/9789264226654-es

ISBN 978-92-64-22664-7 (impreso)
ISBN 978-92-64-22665-4 (PDF)

Fotografía de portada: Goodshoot

Traducción: José Luis Martínez Fernández

Edición: Centro de la OCDE en México para América Latina

Publicado originalmente por la OCDE en inglés y en francés bajo los títulos:

OECD Foreign Bribery Report. An analysis of the crime of foreign public officials
Rapport de l'OCDE sur la corruption transnationale. Une analyse de l'infraction de corruption d'agents publics étrangers

Las erratas de las publicaciones de la OCDE se encuentran en línea en *www.oecd.org/publishing/corrigenda.*

INTRODUCCIÓN

La corrupción y la percepción de corrupción deterioran la confianza en los gobiernos, empresas y mercados. Tras la crisis financiera más grande de nuestro tiempo, más que nunca necesitamos reconstruir esa confianza. La corrupción debilita también el crecimiento y el desarrollo. Por una parte, las empresas optan por el cohecho en lugar de la innovación y la competitividad. Por la otra, las personas dentro de los gobiernos desvían fondos en su propio beneficio mientras que deberían utilizarse para promover el bienestar de la gente. Al obligar a los corruptos a rendir cuentas y poner fin a la impunidad, podemos comenzar a restablecer la confianza en nuestras instituciones e industrias.

La OCDE cuenta con un conjunto de instrumentos legales y recomendaciones para combatir la corrupción en sus muchas formas, que incluye penalizar el cohecho en los negocios internacionales, promover conductas comerciales responsables, proteger a los denunciantes, e insistir en la integridad y transparencia de los procesos de adquisiciones públicas. La *Convención para Combatir el Cohecho de Servidores Públicos Extranjeros en Transacciones Comerciales Internacionales* de la OCDE es la piedra angular de los esfuerzos de la OCDE para combatir el cohecho internacional. Al firmar la Convención Anticohecho, sus 41 Estados Parte se obligaron a establecer y hacer cumplir las leyes que tipifican como delito grave el cohecho en los negocios internacionales, atacando con ello firmemente este flagelo del crecimiento económico y el desarrollo.

No obstante, para combatir la corrupción de manera exitosa es necesario conocer a nuestro enemigo. Hasta ahora, ha habido muy pocos intentos para medir este delito que ocurre de manera oculta. Hemos estado peleando en la oscuridad. Con frecuencia, encubierto en una serie de transacciones extraterritoriales, diversos intermediarios y complejas estructuras corporativas, la detección, investigación y sanción del Cohecho Internacional requiere conocimientos especializados, tiempo y cooperación.

El *Informe de la OCDE sobre Cohecho Internacional* nos sitúa, por primera vez, frente a frente con nuestro oponente. Este informe busca cuantificar y describir la corrupción internacional con base en la información de los 427 casos de cohecho internacional que se han concluido a partir de la entrada en vigor de la Convención de la OCDE contra el Cohecho en 1999. El informe revela que se soborna a servidores de distintos sectores y de países en todas las etapas de desarrollo económico. En la mayoría de los casos, los directores de la empresa están involucrados o, cuando menos, tienen conocimiento de la práctica de cohecho internacional de servidores públicos extranjeros, desmintiendo la falsa percepción de que el cohecho es simplemente un acto de un empleado deshonesto. En la mayor parte de las transacciones corruptas se utilizan intermediarios, tanto agentes como instrumentos societarios, y la mayoría de los sobornos se pagan para obtener contratos públicos. En promedio, los sobornos ascienden al 10.9% del monto total de la operación, y considerando que en el 41% de los casos las multas económicas oscilan entre el 100% y el 200% de las ganancias provenientes de la transacción corrupta, el argumento económico en contra de la corrupción es contundente.

Con este informe exhorto a gobiernos, empresas y a la sociedad a cambiar los incentivos. Los corruptos deben comparecer ante la justicia; la prevención de los delitos económicos debe constituir un aspecto central de las políticas de gobierno corporativo y la contratación pública debe ser sinónimo de integridad, transparencia y de rendición de cuentas. Se requieren acciones colectivas para ganar la guerra contra la corrupción, y actualmente estamos mejor equipados que nunca para prevenir, detectar y sancionar este delito y para conceder a la lucha contra el cohecho internacional la prioridad que se merece.

Ángel Gurría
Secretario General de la OCDE

ÍNDICE

AGRADECIMIENTOS

Los países "Parte"(a partir de aquí "las Partes") de la *Convención de la OCDE para Combatir el Cohecho de Servidores Públicos Extranjeros en Transacciones Comerciales Internacionales* y los miembros del Grupo de Trabajo Anticorrupción del G20 se han comprometido a combatir el cohecho internacional. La Convención Anticohecho de la OCDE es el primer y único instrumento internacional, jurídicamente vinculante, que se enfoca exclusivamente en el pago de sobornos de parte de empresarios individuales y compañías a servidores públicos extranjeros. Las Partes de la Convención están obligadas a tipificar como delito, para sus ciudadanos y empresas, el pago de sobornos a servidores públicos extranjeros en el marco de sus negocios internacionales, y los países del G20 se han comprometido a adherirse a estándares. La tipificación del delito de cohecho transnacional es un paso importante para responsabilizar a las empresas que incurran en esta modalidad de corrupción que es altamente dañina.

El punto de partida para la investigación que presenta este informe fue abordar el reto de la aplicación de la ley, mediante la ilustración práctica del delito de cohecho internacional. Mediante el análisis de los casos concluidos entre la entrada en vigor de la Convención Anticohecho el 15 de febrero de 1999 y el 1 de junio de 2014, este informe proporciona una clara imagen de un delito que, hasta ahora, sólo hemos sido capaces de abordar en términos generales.

El presente informe ha sido elaborado por la señorita Leah Ambler, analista jurídica de la División Anticorrupción de la OCDE, con la asistencia de la señorita Samantha Bloch y el señor Martin Grande, investigadores adjuntos de la División Anticorrupción de la OCDE, y la Dra. Caroline Roulet, economista de la Dirección de Asuntos Financieros y Empresariales de la OCDE. Se espera que este sea el primer informe de un trabajo continuo, en la medida en que vayan concluyéndose y haciéndose públicos nuevos casos de cohecho internacional que proporcionen información adicional para su análisis.

ACERCA DEL INFORME DE COHECHO INTERNACIONAL DE LA OCDE

El Informe de Cohecho Internacional de la OCDE presenta un análisis de todas las acciones aplicación de la ley en materia de cohecho internacional[1] que se han llevado a cabo a partir de la entrada en vigor de la Convención para Combatir el Cohecho de Servidores Públicos Extranjeros en Transacciones Comerciales Internacionales (Convención Anticohecho de la OCDE). Al presentar información obtenida de las autoridades encargadas de aplicar la ley en los 17 países que a la fecha han logrado concluir con éxito un caso de cohecho internacional en su jurisdicción, el presente informe busca describir un panorama más claro del delito de cohecho internacional. Demuestra que la aplicación de las leyes anticohecho ha aumentado en forma importante a partir de la entrada en vigor de la Convención. El informe no solamente nos cuenta la historia de cómo se pagan los sobornos, en dónde y a quiénes, sino también a quién se sanciona por este delito y de qué manera.

DEFINICIÓN DE COHECHO INTERNACIONAL

Para fines del presente informe, cohecho internacional se define de acuerdo con lo dispuesto en el Artículo 1 de la Convención de la OCDE contra el Cohecho, como el que una persona deliberadamente "ofrezca, prometa o conceda cualquier ventaja indebida pecuniaria o de otra índole a un servidor público extranjero, ya sea que lo haga en forma directa o mediante intermediarios, para beneficio de éste o para un tercero; para que ese servidor actúe o se abstenga de hacerlo en relación con el cumplimiento de deberes oficiales, con el propósito de obtener o de quedarse con un negocio o de cualquier otra ventaja indebida en el manejo de negocios internacionales."

El informe ha sido preparado con el objetivo de ayudar al Grupo de Trabajo de la OCDE sobre Cohecho en las Transacciones Comerciales Internacionales (OECD WGB, por sus siglas en inglés, GTC de la OCDE en español) y el Grupo de Trabajo Anticorrupción del G20 (G20 ACWG, por sus siglas en inglés) en sus esfuerzos por combatir el cohecho internacional. El Grupo de Trabajo de la OCDE sobre el Cohecho está integrado por representantes de las 41 Partes de la Convención Anticohecho de la OCDE. Dieciséis de los miembros del GTC de la OCDE son también miembros del G20 ACWG.

El informe también apoya la "determinación de combatir el cohecho nacional e internacional" de los países del G20, según se expresó en la Declaración de los Líderes en San Petersburgo, de septiembre de 2013, y el Plan de Acción Anticorrupción 2013-2014 del G20. En línea con el Marco Estratégico de San Petersburgo para el G20 ACWG, el informe tiene como objetivo "desarrollar, promover y apoyar estándares rigurosos en materia de legislación, regulación y políticas de anticorrupción, y continuar poniendo la atención en cerrar la brecha entre la implementación y la aplicación de la ley, incluyendo a sectores de alto riesgo".[2]

El informe muestra las tendencias en la aplicación de las normas que regulan el delito de cohecho internacional. Dichas tendencias serán de utilidad para quienes elaboran las políticas de anticorrupción, los organismos encargados de la aplicación de las leyes y los actores en el sector privado de los gobiernos del G20 y participantes del B20 (negocios) y del C20 (sociedad civil). Termina con un conjunto de conclusiones preliminares y sugerencias que buscan un enfoque más dirigido a prevenir, detectar y castigar este delito. Se espera que el presente informe sea el primero de una serie de ediciones futuras, en la medida en que se concluyan y publiquen casos adicionales de cohecho internacional, ofreciendo más información para su análisis.

PRINCIPALES HALLAZGOS

Las estadísticas que se presentan a continuación se basan en el análisis de la información correspondiente a las acciones de aplicación de las leyes en contra de 263 personas y 164 entidades por el delito de cohecho internacional (un total de 427 casos) concluidos entre la entrada en vigor de la Convención Anticohecho de la OCDE (15 de febrero de 1999) y el 1 de junio de 2014. La información no siempre estuvo disponible para todas las categorías en todos los casos; por lo tanto, algunos porcentajes pueden provenir de la información correspondiente a un conjunto menor. Por favor, consulte la sección correspondiente del informe para obtener una descripción detallada del conjunto de datos para cada categoría.

53%
DE LOS CASOS IMPLICÓ A LA ADMINISTRACIÓN O A LOS GERENTES DE LAS EMPRESAS

1 DE CADA 3
CASOS FUE PROPICIADO POR DENUNCIAS VOLUNTARIAS

57%
DE LOS CASOS IMPLICÓ SOBORNOS PARA OBTENER CONTRATOS DE ADQUISICIONES DEL SECTOR PÚBLICO

Dos tercios de los casos de cohecho internacional ocurrieron en cuatro sectores: extracción (19%); construcción (15%); transporte y almacenamiento (15%) e información y comunicación (10%).

Casi la mitad de los casos implicó el cohecho de servidores públicos de países con niveles de altos (22%) a muy altos (21%) de desarrollo humano.[3]

En el 41% de los casos los empleados a nivel administrativo pagaron o autorizaron el soborno, mientras que el gerente de la empresa estuvo involucrado en el 12% de los casos. En un caso, un legislador fue condenado por confabulación para sobornar a servidores públicos extranjeros.

En 3 de cada 4 casos de cohecho internacional hubo participación de intermediarios. En el 41% de los casos eran intermediarios tales como agentes locales de ventas y mercadotecnia, distribuidores y brókeres. Otro 35% de los intermediarios fueron instrumentos societarios, tales como empresas filiales, firmas locales de consultoría, empresas ubicadas en centros financieros extranjeros o paraísos fiscales, o empresas establecidas bajo la titularidad real del servidor público que recibió el soborno.

Con mayor frecuencia, los sobornos fueron prometidos, ofrecidos o entregados a empleados de empresas públicas[4] (empresas propiedad de o controladas por el Estado, EPEs) (27%), seguido de funcionarios aduaneros (11%), funcionarios de salud (7%) y funcionarios de defensa (6%).

En la mayoría de los casos, los sobornos se pagaron para obtener contratos de adquisición en el sector público (57%), seguidos de liberación de trámites aduaneros (12%). En promedio, los montos del soborno equivalen a 10.9% del monto total de la operación y a 34.5% de las ganancias.

Uno de cada tres casos llegó a ser del conocimiento de las autoridades a través de denuncias voluntarias y reportes hechos por las empresas o personas acusadas. Las siguientes fuentes más comunes fueron las investigaciones iniciadas directamente por las autoridades encargadas de la aplicación de las leyes (13%) y los casos de cohecho internacional que se conocieron en el marco de la ayuda jurídica recíproca, formal o informal, entre países (13%). Los reportes de denunciantes y aquéllos derivados de la cobertura de medios de comunicación muy rara vez indujeron a una investigación de cohecho internacional (2% y 5%, respectivamente).

Las empresas que hicieron denuncias voluntarias tuvieron conocimiento del cohecho internacional en sus operaciones internacionales, principalmente a través de auditorías internas (31%) y procesos de auditoría para fusiones y adquisiciones (28%).

Se emitieron sentencias de encarcelamiento a 80 personas que fueron consideradas culpables de cohecho internacional. A la fecha, la sentencia combinada más larga impuesta a un sentenciado por confabulación para cometer cohecho internacional es de 13 años a una persona.[5] Otras 38 personas recibieron sentencias de prisión en suspenso condicional.

En total, hubo 261 multas impuestas a personas y empresas, y la multa combinada más alta impuesta en contra de una sola empresa ascendió a un total de EUR 1.8 mil millones. La sanción económica más alta impuesta en contra de una persona en un caso de cohecho internacional fue una orden de confiscación por la cantidad de USD 149 millones.[6]

En el 69% de los casos cohecho internacional, se impusieron sanciones mediante convenios utilizando diversos procedimientos, incluida la operación de una empresa sujeta a condición (*corporate probation*) (Canadá); la sección 153(a) del Código de Procedimientos Penales (Alemania); el *Patteggiamento* (Italia); el Aviso de Sanción (Noruega); la *Réparation* de acuerdo con lo dispuesto en el artículo 53 del Código Penal (Suiza); los Convenios de No Enjuiciamiento (NPA, por sus siglas en inglés, *Non-Prosecution Agreements*), los Convenios de Enjuiciamiento Diferido (DPA, por sus siglas en inglés, *Deferred Prosecution Agreements*) y los Convenios de Declaración/Admisión de Responsabilidad (*Plea Agreements*) (EE.UU.).

Estados Unidos ha sancionado a personas y entidades por el delito de cohecho internacional en relación con 128 diferentes casos de cohecho internacional desde la entrada en vigor de la Convención Anticohecho de la OCDE. Alemania ha sancionado a personas y a entidades por el delito de cohecho internacional en relación con 26 casos distintos; Corea con 11; e Italia, el Reino Unido y Suiza con 6.

2%
DE LOS CASOS FUE MOTIVADO POR DENUNCIANTES

75%
DE LOS CASOS IMPLICÓ PAGOS A TRAVÉS DE INTERMEDIARIOS

80
INDIVIDUOS FUERON ENCARCELADOS POR CONDENA DE COHECHO INTERNACIONAL

261
MULTAS SE IMPUSIERON A PERSONAS Y EMPRESAS

69%
DE LOS CASOS SE DECIDIÓ CON SANCIONES

ANÁLISIS DE CASOS DE COHECHO INTERNACIONAL CONCLUIDOS

METODOLOGÍA

El presente informe analiza la información proveniente de los casos de cohecho de servidores públicos extranjeros en transacciones comerciales internacionales cometido por personas y entidades, concluidos[7] entre el 15 de febrero de 1999 (fecha de entrada en vigor de la Convención Anticohecho de la OCDE) y el 1 de junio de 2014. Este análisis también incluye acciones de aplicación de la ley que se hicieron durante este período, aun cuando los hechos relevantes hayan ocurrido con anterioridad. El informe se basa en la investigación de y cumplimiento de las leyes de todos los países que han tipificado el delito de cohecho de servidores públicos extranjeros en sus leyes penales a nivel interno (tanto miembros como no miembros del G20 ACWG y del GTC de la OCDE). Por lo tanto, la información de los casos es independiente de, pero complementaria a, la Información sobre la Aplicación de la Convención de la OCDE contra el Cohecho del GTC de la OECD.[8]

La información contenida en este informe es el resultado de analizar 427 acciones de aplicación de la ley, a las que se hace referencia como casos (que involucran a 263 personas y a 164 entidades), que han sido investigados, procesados y culminaron con una aplicación final de las leyes por el delito específico de cohecho de servidores públicos extranjeros en transacciones comerciales internacionales, según se establece en el artículo 1(1) de la Convención Anticohecho de la OCDE[9] y que ha pasado a formar parte de la legislación local de las Partes. También se incluyen sanciones por delitos de preparación y de participación, tales como la confabulación, tentativa, ayuda e instigación en cohecho internacional. El presente análisis no consideró los delitos relacionados con el cohecho internacional (tales como delitos contables y de auditoría, lavado de dinero, tráfico de influencias, fraude, cohecho comercial, la violación del deber de supervisión o la falta de prevención del cohecho) ni las violaciones a las sanciones de la ONU u otros delitos económicos.[10]

427

CASOS SON ANALIZADOS EN EL INFORME DE LA OCDE SOBRE COHECHO INTERNACIONAL

Las cifras en el informe se refieren al número de personas o entidades sancionadas, aunque es importante tener presente que varias empresas relacionadas y/o personas relacionadas pueden estar involucradas en un mismo caso de cohecho internacional (consulte el Gráfico 19 para conocer el número de casos de cohecho internacional sancionados por país). De igual forma, en algunos casos, la misma persona o corporación acusada pudo haber sido sancionada en diversas jurisdicciones o, en la misma jurisdicción por diversos organismos públicos, por el mismo caso cohecho internacional, sea por ese u otros delitos. Debido a que el nivel de aplicación de la ley varía entre los países, debe tenerse cuidado al extrapolar las tendencias. Cualquier referencia a "caso" en este informe se refiere a una sola acción de aplicación de la ley o de sanción por parte de un organismo público encargado de la aplicación las leyes[11], más que a un caso específico de cohecho internacional en el que pudieron haber participado diversas empresas y personas. Cuando las empresas matrices fueron obligadas a pagar penas combinadas por los actos de sus subsidiarias, esto fue considerado como un caso.

390
INVESTIGACIONES SE ESTÁN LLEVANDO A CABO EN 24 DE LAS 41 PARTES DE LA CONVENCIÓN ANTICOHECHO

La información de los casos se obtuvo de diversas fuentes que incluyen: resoluciones de tribunales y acuerdos disponibles en los sitios web de las autoridades nacionales encargadas de la aplicación las leyes; información proporcionada por autoridades nacionales en el contexto de la Fase 3 y evaluaciones de seguimiento por parte del GTC de la OCDE y en seguimiento a solicitudes bilaterales del Secretariado de la OCDE; e investigaciones de fuentes abiertas incluyendo el Compendio TRACE, los Informes sobre Avances publicados por Transparencia Internacional y el sitio web del Banco Mundial.[12] Cuando fue posible, se ha dado preferencia a la información contenida en decisiones judiciales oficiales o acuerdos disponible en el 58% de los casos. En otro 40% de los casos, a pesar de que las sentencias oficiales no estuvieron disponibles, las autoridades nacionales proporcionaron resúmenes o información confirmada de los casos en el contexto de su Fase 3 y evaluaciones de seguimiento practicadas por el GTC de la OCDE. En el 2% de los casos, se tuvo que confiar en la información proporcionada por los medios de comunicación u otros reportes de terceros, sin que hubiera información o confirmación oficial proporcionada por el país que sanciona. La información de los casos no siempre estuvo completa, lo cual explica el valor "desconocido" que con frecuencia se utiliza en los conjuntos de información del presente informe. Debido a la naturaleza confidencial de algunas de las informaciones proporcionadas por las autoridades nacionales, el informe incluye solamente un análisis estadístico de la información de los casos.

Los siguientes elementos fueron extraídos de los hechos de cada caso (dependiendo de la disponibilidad de la información del caso) para presentar el resultado de este informe, permitiendo un análisis cruzado:

- fecha del último hecho delictivo en el caso de cohecho internacional (es decir, la fecha en que el delito fue completado)
- año de la resolución final emitida por el tribunal que emitió la sentencia, o la fecha del acuerdo extrajudicial en caso de que no haya habido un juicio penal
- sector de la persona/empresa involucrada en el cohecho (por ejemplo, industria de extracción, industria de la construcción)
- función del servidor público que recibió el soborno (por ejemplo, empleado de empresa propiedad del Estado, servidor fiscal, servidor aduanero)
- puesto del individuo que entregó o autorizó o aprobó el soborno dentro de la empresa
- nivel de desarrollo del país cuyos servidores públicos recibieron el soborno
- valor de los sobornos prometidos, ofrecidos o entregados
- el objeto del soborno (por ejemplo, proceso de adquisiciones en el sector público, acceso a información confidencial, liberación de trámites aduaneros)
- ventaja comercial obtenida (valor de la operación total y/o ganancias) por quien cometió el cohecho
- cómo el caso llegó a ser del conocimiento de las autoridades encargadas de la aplicación las leyes (por ejemplo, denuncias voluntarias a las autoridades, cobertura en los medios de comunicación)
- cómo las empresas que llevaron a cabo una denuncia voluntaria tuvieron conocimiento de que se habían pagado sobornos en sus transacciones comerciales internacionales (por ejemplo, reportes de denunciantes, auditoría interna)
- la naturaleza de la entidad que llevó a cabo el cohecho (si era o no una empresa pequeña o mediana)

- uso de un agente o intermediario, y la naturaleza de dicho intermediario (por ejemplo, agente o instrumento societario)
- resultado de las actividades de aplicación de la ley (por ejemplo, multa, encarcelamiento, confiscación, compensación)
- uso de procedimientos de acuerdo
- país de aplicación de las leyes

Si bien el reporte ha sido preparado con el mayor cuidado, no pretende estar exento de posibles errores de hecho o análisis de casos específicos, particularmente si las resoluciones originales no fueron publicadas ni estuvieron disponibles. No obstante, esto no modifica las muy claras tendencias generales y conclusiones señaladas en el presente informe.

APLICACIÓN DE LA LEY EN EL DELITO DE COHECHO INTERNACIONAL

La presente sección del informe proporciona un panorama general de las tendencias anuales en las acciones de aplicación de la ley en el delito de cohecho de servidores públicos extranjeros en transacciones comerciales internacionales, que se llevaron a cabo entre la entrada en vigor de la Convención Anticohecho de la OCDE el 15 de febrero de 1999 y el 31 de diciembre de 2013.

El Gráfico 1 muestra el número total de acciones de aplicación de la ley concluidas contra personas y entidades por el delito de cohecho internacional al año, en todos los países, correspondientes a los 415 casos para los que se tuvo información disponible. El año en que se impuso la sanción no se especificó en cinco de los casos, y no se tomaron en cuenta los siete casos que se concluyeron en la primera mitad del 2014. Aunque algunos países sancionaron a personas y a entidades antes de la entrada en vigor de la Convención de acuerdo con sus leyes internas que sancionaban el cohecho de servidores públicos extranjeros, esa información no está dentro del ámbito del presente informe.

Gráfico 1. Número de casos de cohecho internacional concluidos por año

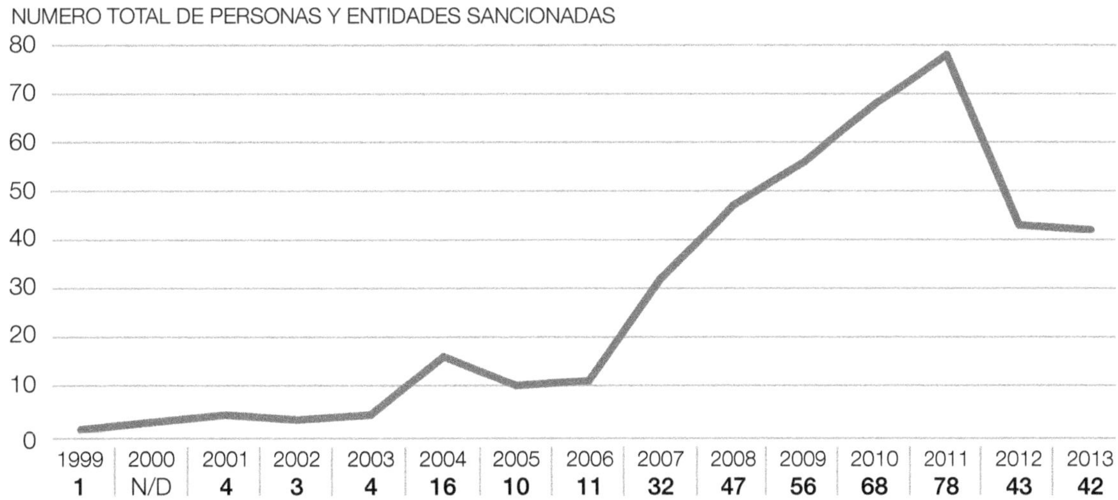

Fuente: Análisis de la OCDE sobre casos de cohecho internacional concluidos entre el 15/02/1999 y el 31/12/2013

7.3 AÑOS
ES LA DURACIÓN PROMEDIO DE LOS CASOS DE COHECHO INTERNACIONAL CONCLUIDOS EN 2013

Si bien hubo un incremento constante en las sanciones a partir del 2003 (en 2011 alcanzó su máximo) desde entonces parece que las acciones para la aplicación de la ley han ido en descenso. Esta tendencia debiera interpretarse de acuerdo con el Gráfico 2, que muestra que el tiempo promedio transcurrido (en años) hasta concluir los casos de cohecho internacional ha aumentado constantemente, siendo el máximo un promedio de 7.3 años para concluir los 42 casos en 2013. El hecho de que se requiera más tiempo para cerrar los casos podría atribuirse a diversos factores, incluyendo el tiempo que se requiere para interponer un recurso y resolver una apelación contra las sentencias condenatorias o absolutorias en casos de cohecho internacional, o una mayor sofisticación en las técnicas del soborno, lo cual requiere mayores recursos e investigaciones más largas. Este incremento también puede confirmar la evidencia informal de que las empresas y las personas están menos dispuestas a celebrar acuerdos en casos de cohecho internacional y que, como resultado, se están alargando los procedimientos para llegar a dichos acuerdos.

A pesar de la aparente reducción en las acciones concluidas de aplicación de la ley, es importante tener presente que la Información sobre Aplicación de la Ley del GTC de la OECD[13] considera aproximadamente 390 investigaciones relacionadas con el cohecho internacional que se están llevando a cabo en 24 (de las 41) Partes en la Convención Anticohecho de la OCDE.

El Gráfico 2 muestra los períodos entre el último hecho delictivo en la operación ilícita (es decir, el momento en que se consumó el delito) y la imposición de la sanción en cada caso. Estos períodos consideran los retrasos adicionales en los nueve casos en los que la condena por cohecho internacional fue confirmada en apelación. Por supuesto, el tiempo transcurrido entre el primer acto procesal (es decir, el inicio de la investigación) y la imposición de la sanción es más breve.

Sin embargo, se decidió medir el tiempo transcurrido a partir del último hecho delictivo, en primer lugar, debido a que en muchos países es la fecha de inicio para el cálculo de los periodos de prescripción y, en segundo lugar, debido a que la fecha de la primera acción procesal no siempre estuvo disponible. Debido a que la fecha del último hecho delictivo variaba dependiendo de la función del individuo acusado en cada caso, la información se procesó sobre la base de cada entidad sancionada más que del escenario prevaleciente de hechos. La información estuvo disponible para 374 de los 427 acusados. No se consideraron los siete casos que habían concluido en la primera mitad del 2014.

La duración promedio en años para concluir casos de cohecho internacional ha ido aumentando constantemente, siendo el máximo un promedio de 7.3 años entre el delito y el castigo en las 42 acciones de aplicación de la ley que concluyeron en 2013. El tiempo más largo transcurrido para llegar a una sentencia definitiva en un caso de cohecho internacional fue de 15 años (contra cuatro acusados)[14] y el tiempo más corto fue menor a un año (contra seis acusados). Casi la mitad de todos los casos (46%) tardaron entre 5 y 10 años para finalizar, lo que destaca la necesidad de una implementación efectiva del artículo 6 de la Convención Anticohecho de la OCDE que requiere "a las Partes permitir un plazo adecuado para la investigación y el enjuiciamiento de ese delito". Este estándar no necesariamente corresponde a la necesidad de plazos largos de prescripción. En su lugar, pueden implementarse procedimientos efectivos para interrumpir o suspender los plazos de prescripción a fin de llevar a cabo ciertos actos procesales, tales como obtener pruebas a través de solicitudes de ayuda jurídica recíproca. El informe no toma en cuenta los casos que fueron concluidos debido a la expiración del plazo de prescripción, un área que podría beneficiarse de mayor análisis.[15]

15 AÑOS

ES LA DURACIÓN MÁS LARGA HASTA LLEGAR A UNA SENTENCIA DEFINITIVA EN UN CASO DE COHECHO INTERNACIONAL

Gráfico 2. Los casos de cohecho internacional están tardando más en concluirse

NÚMERO PROMEDIO DE AÑOS TRANSCURRIDOS ENTRE EL ÚLTIMO HECHO DELICTIVO Y LA SANCIÓN

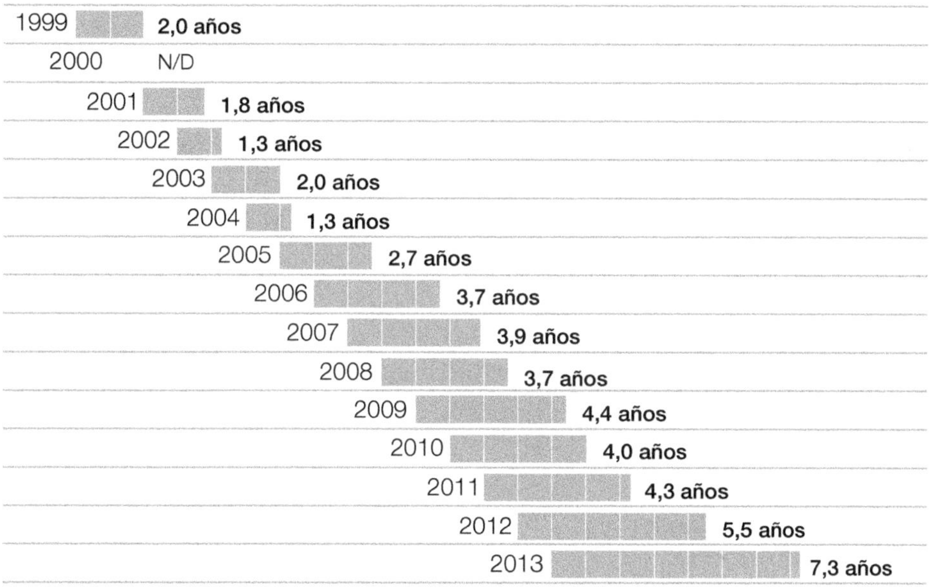

Fuente: Análisis de la OCDE sobre casos de cohecho internacional concluidos entre el 15/02/1999 y el 31/12/2013

¿CÓMO SE DETECTA EL COHECHO INTERNACIONAL?

Por su naturaleza misma, el cohecho internacional es un delito complejo que ocurre de manera oculta. Con frecuencia, los casos de cohecho involucran una serie de transacciones realizadas en el extranjero, intermediarios diversos y complejas estructuras corporativas. Por ello, la detección de los casos de cohecho internacional es uno de los principales obstáculos para la aplicación de manera efectiva de la ley contra el soborno. La presente sección explora cómo se llegó a tener conocimiento de los casos de cohecho internacional que se han concluido a la fecha.

El Gráfico 3 muestra cómo es que los casos de cohecho internacional llegaron a ser del conocimiento de las autoridades encargadas de la aplicación las leyes en todas las 427 acciones de cumplimiento, notando que la fuente no se especificó en 29% de los casos. En casi un tercio de los casos, los acusados llevaron a cabo denuncias voluntarias, o voluntariamente notificaron su participación en actos de cohecho internacional a las autoridades correspondientes encargadas de la aplicación de las leyes. Esto pudiera constituir un indicador de la disposición por parte de las empresas para llevar a cabo una denuncia voluntaria en países cuyos sistemas jurídicos permiten la denuncia voluntaria, especialmente cuando tal comportamiento conlleva sanciones reducidas. Los organismos públicos encargados de la aplicación de las leyes, tales como la policía, y las autoridades aduaneras y de protección de las fronteras fueron la siguiente fuente más importante de reportes de cohecho internacional (13%) a la par con casos de los que se tuvo conocimiento en el curso de la ayuda jurídica recíproca (AJR) formal e informal entre países, por investigaciones penales relacionadas (13%).[16] La cobertura de medios de comunicación y el periodismo de investigación inició acciones de aplicación de las leyes en materia de cohecho internacional solamente en el 5% de los casos. El GTC de la OCDE continúa presionando a las Partes en la Convención Anticohecho de la OCDE para investigar supuestos actos creíbles de cohecho internacional en los medios de comunicación, lo cual sigue siendo una fuente importante pero aún no aprovechada de información.

Gráfico 3. ¿Cómo las autoridades encargadas de la aplicación las leyes tuvieron conocimiento de los casos de cohecho internacional?

Fuente: Análisis de la OCDE sobre casos de cohecho internacional concluidos entre el 15/02/1999 y el 01/06/2014

Un número muy pequeño de casos surgió de denunciantes internos o de terceras partes que reportaron directamente a las autoridades encargadas de la aplicación de las leyes (2%), subrayando la importancia de establecer mecanismos sólidos y efectivos de protección de los denunciantes en los sectores público y privado, según se describe en el

Whistleblower Protection Frameworks, Compendium of Best Practices and Guiding Principles for Legislation.[17] Otras organizaciones internacionales, particularmente el Banco Mundial y la Oficina Europea de Lucha contra el Fraude (OLAF), remitieron a las autoridades nacionales encargadas de la aplicación de las leyes imputaciones sobre cohecho internacional en el 2% de los casos ("Remisiones OI").

La Investigación Independiente del Programa Petróleo por Alimentos de las Naciones Unidas[18] también fue una fuente de información acerca del cohecho que ocurrió en el contexto del anterior régimen en Irak, entre 1996 y 2003 (1%).

Hubo tasas insignificantes de detección por parte de las unidades de inteligencia financiera (UIFs), autoridades fiscales y funcionarios de embajadas, cuyas tareas conllevan exposición regular a las acusaciones de cohecho internacional y, por lo tanto, un potencial para detectarlas y reportarlas con regularidad. Los reportes de transacciones sospechosas de UIFs acerca de lavado de dinero de fondos provenientes del cohecho internacional fue el origen de solamente seis casos, uno de los casos salió a la luz a raíz de un reporte de una entidad fiscal que detectó los sobornos como parte de una auditoría fiscal, y otro caso fue reportado por una embajada extranjera. Esta baja tasa de detección muestra la necesidad de una cooperación mayor entre las autoridades encargadas de la aplicación de las leyes y otras entidades gubernamentales en casos en que exista la sospecha de cohecho internacional, y podría ser un área de trabajo futuro entre la OCDE y el Grupo de Acción Financiera contra el Lavado de Dinero (GAFI o FATF, por sus siglas en inglés, *Financial Action Task Force*).

El Gráfico 4 muestra cómo las empresas que llevaron a cabo una denuncia voluntaria descubrieron el cohecho internacional en sus transacciones comerciales internacionales, lo cual las llevó a reportarlo a las autoridades encargadas de la aplicación de las leyes. Hubo información disponible en relación con 137 casos. Las dos principales fuentes de detección por parte de las empresas fueron auditorías internas (31%) y auditorías en el contexto de fusiones (F) y adquisiciones(A) en donde el cohecho internacional se detectó en la empresa a comprar (Auditorías para FyA; 28%). Estas cifras demuestran el papel vital que desempeñan la profesión contable y de auditoría en la detección de los posibles cohechos. De manera consistente con lo dispuesto en la Recomendación para Fortalecer la Lucha Contra el Cohecho de Servidores Públicos Extranjeros en Transacciones Comerciales Internacionales emitida por la OCDE en el 2009, debería exigirse a los contadores y a los auditores reportar tales sospechas a la dirección ejecutiva y a los órganos supervisores de la compañía, y considerar un reporte a las autoridades ajenas a la compañía encargadas de la aplicación de las leyes.[19]

Gráfico 4. ¿Cómo es que las empresas que llevaron a cabo una denuncia voluntaria tuvieron conocimiento del cohecho internacional en sus transacciones comerciales?

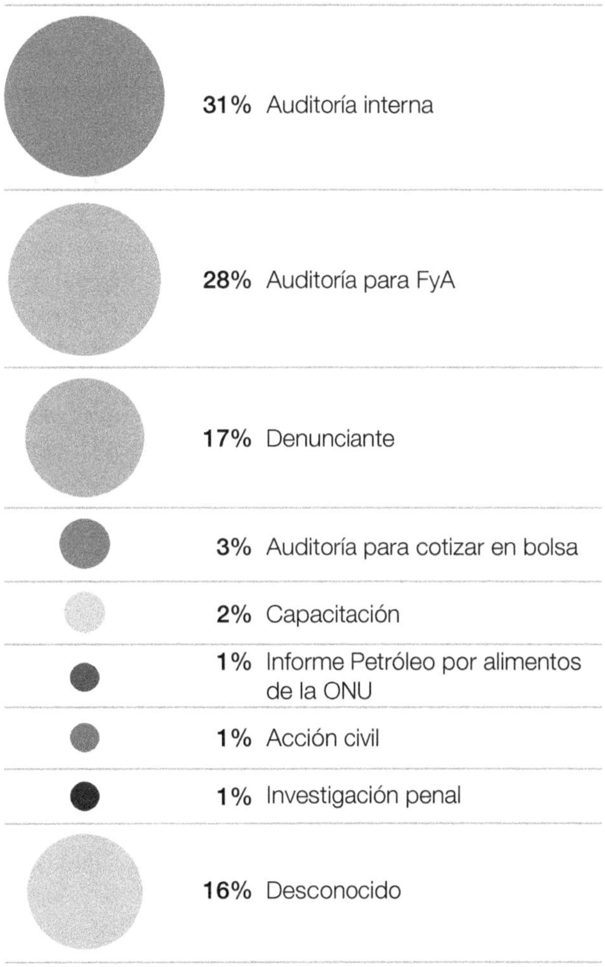

Fuente: Análisis de la OCDE sobre casos de cohecho internacional concluidos entre el 15/02/1999 y el 01/06/2014

EUR 1.8 MIL MILLONES

ES LA CANTIDAD MÁS ALTA EN SANCIONES ECONÓMICAS COMBINADAS IMPUESTAS EN UN CASO DE COHECHO INTERNACIONAL

En el 17% de los casos, los denunciantes avisaron a la dirección ejecutiva de la empresa acerca del cohecho internacional. Estos avisos se hicieron en forma de reportes al comité de auditoría o al Consejo de parte de miembros ejecutivos de la corporación (por ejemplo, Vicepresidente Ejecutivo; Director de Finanzas); una llamada telefónica al "Número de Atención para Quejas en Materia de Ética" de la empresa; y una acción civil por parte de un empleado después de ser despedido por haberse rehusado a ser cómplice en un casos de soborno. En un caso, después de que el gerente de una empresa no pudo dar solución a un reporte del departamento de auditoría interna que indicaba prácticas corruptas y recomendaba una investigación interna y denuncia voluntaria, un denunciante filtró a la prensa información acerca de dicha conducta corrupta. La única empresa que llevó a cabo una denuncia voluntaria después de una alerta de un denunciante fue la empresa que recibió el reporte en su línea de atención telefónica, la cual tenía un sistema de ética o cumplimiento regulatorio al ocurrir los hechos ilícitos. Este caso demuestra la importancia de alentar y permitir a los empleados a que manifiesten sus preocupaciones a la gerencia sobre conductas indebidas en la empresa, sin miedo a represalias. Un programa de cumplimiento efectivo que incluya mecanismos sólidos de protección a los denunciantes podría salvar a la empresa tanto del riesgo de corrupción como de los costos involucrados en la exposición y sanción, al permitir que las empresas reciban información oportuna de buena fe acerca de conductas indebidas.

Otros casos de cohecho internacional fueron revelados por empleados mientras estaban siendo capacitados en la materia por la empresa (2%) o en el transcurso de auditorías antes de cotizar en la bolsa de valores de los EE.UU. (Auditoría para cotizar en bolsa 3%). En algunos casos, la empresa tuvo conocimiento del cohecho internacional mientras se llevaban a cabo juicios civiles no relacionados (1%) o investigaciones penales (1%). Las empresas también llevaron a cabo una denuncia voluntaria acerca del cohecho internacional después de conocer el resultado de la Investigación Independiente para participar en el Programa Petróleo por Alimentos de las Naciones Unidas (1%). En el 16% de los casos de las empresas que llevaron a cabo una denuncia voluntaria no se especificó la fuente de la información.

¿CÓMO SE CASTIGA EL COHECHO INTERNACIONAL?

La Convención Anticohecho de la OCDE requiere que las Partes establezcan sanciones "eficaces, proporcionales y disuasorias" al delito de cohecho de servidores públicos extranjeros. También requiere que las Partes decomisen el instrumento o el producto del cohecho, o bienes de un valor equivalente. Esta sección contiene un panorama general de cómo los países han puesto en práctica estos estándares en casos de cohecho internacional.

El Gráfico 5 señala los tipos de sanciones impuestas a la fecha en casos de cohecho internacional. Se contó con información disponible para la totalidad de los 427 casos. Los valores expresados en la Gráfico 5 son por categoría, no por caso (es decir, puede ser que diversos tipos de sanciones se hayan impuesto en un solo caso). Para mayor información acerca de cada categoría de sanción, por favor consulte el Glosario. De particular interés resulta la categoría "Compensación", que incluye la compensación por daños civiles, compensación al Estado por costos relacionados con el caso (por ejemplo, intereses generados desde antes del juicio) y la compensación a las víctimas del delito, en especial de acuerdo

Gráfico 5. ¿Cómo se castiga el cohecho internacional?

Fuente: Análisis de la OCDE sobre casos de cohecho internacional concluidos entre el 15/02/1999 y el 01/06/2014

con las disposiciones de *Réparation* establecidas en el artículo 53 del Código Penal de Suiza. Desde la entrada en vigor de la Convención Anticohecho de la OCDE, once acusados han sido condenados a pagar un total de aproximadamente USD 43.7 millones por concepto de compensación. Esta compensación fue pagada ya sea a ONG designadas por la autoridad encargada de la aplicación de las leyes, o como restitución al gobierno del país donde ocurrió el cohecho. A la fecha, se han impuesto sanciones monetarias por un total de USD 5.4 mil millones (incluyendo multas, decomiso y compensaciones).

El decomiso se aplicó únicamente en el 13% de los casos en que hubo información disponible, a pesar de lo establecido en el artículo 3(3) de la Convención Anticohecho de la OCDE en relación con que los Países Parte decomisen el instrumento y el producto del cohecho de un servidor público extranjero o bienes con un valor equivalente. Esta proporción tan baja de decomiso pudiera explicarse por el hecho de que, en muchos casos, la empresa o las empresas involucradas "resarcieron las ganancias" o se les decomisaron los productos del cohecho, mientras que a las personas en cuestión se les aplicaron multas o recibieron sentencias en suspenso o efectivas de encarcelamiento. A la fecha, la cantidad más alta confiscada a una persona en un caso de cohecho internacional es de USD 149 millones.[20]

"Exclusión" se refiere a la sanción adicional, no automática, de inhabilitación provisional de participación en los procesos de adquisiciones en el sector público a nivel nacional durante un tiempo determinado. Por lo general, esta sanción se aplica a empresas; sin embargo, una persona fue permanentemente inhabilitada en su ejercicio profesional a raíz de su participación en un acto de cohecho de servidores públicos extranjeros. Hay un número extremadamente bajo de sanciones que implican la exclusión de procesos de adquisiciones en el sector público a nivel nacional, impuestas solamente en contra de dos acusados. Esto es a pesar del estímulo contenido en la Recomendación XI de la *Recomendación para Fortalecer la Lucha Contra el Cohecho de Servidores Públicos Extranjeros en Transacciones Comerciales Internacionales* emitida por la OCDE en el 2009, acerca de suspender la participación en concursos para obtener contratos públicos u otras ventajas públicas a las empresas que hayan sobornado a servidores públicos extranjeros en violación de lo dispuesto por

USD 43.7 MILLONES
SE ORDENÓ PAGAR EN COMPENSACIÓN EN CASOS DE COHECHO INTERNACIONAL

las leyes nacionales. Adicionalmente, a los Países Miembros de la Unión Europea se les requiere implementar la Directiva 2014/24/EU[21] (revocando una Directiva similar del 2004), que requiere la exclusión obligatoria de los operadores económicos que hubieran sido condenados por corrupción. El Informe sobre la Lucha Contra la Corrupción en la UE del 2014[22] destaca los riesgos importantes de corrupción en el campo de las adquisiciones en el sector público, debido a mecanismos deficientes de control y gestión de riesgo en los Estados Miembros de la UE. El importante trabajo de los bancos multilaterales de desarrollo en la determinación de la exclusión cruzada de empresas que hayan participado en prácticas sancionables, incluyendo corrupción, en el contexto de proyectos con fondos provenientes del banco contribuye a hacer frente a las deficiencias de exclusión a nivel nacional[23]. Sin embargo, los países necesitan asegurarse de que las entidades y las personas que hayan cometido cohecho de servidores públicos extranjeros en sus transacciones comerciales internacionales puedan ser sujetos de exclusión y se les inhabilite para participar en procesos de adquisiciones en el sector público a nivel nacional. Se impusieron medidas de cumplimiento específico u órdenes de "no hacer" en contra de 67 acusados, obligándolos a no cometer futuras violaciones de las leyes anticohecho. En un caso, se liquidó la empresa involucrada en la transacción de cohecho internacional, debido a que se demostró que operaba principalmente a través de medios criminales.

En términos de las sanciones impuestas en casos específicos, la cantidad más elevada en sanciones económicas combinadas impuestas en un solo caso ascendió a aproximadamente EUR 1.8 mil millones. A la fecha, la sentencia combinada de encarcelamiento más alta en un caso que implicó confabulación para cometer cohecho internacional es de 13 años[24]. Es importante tener presente los elevados costos de las acciones de aplicación de justicia en materia de cohecho internacional que no pueden cuantificarse en términos monetarios o no constituyen sanciones oficiales, tales como: daño a la reputación y pérdida de la confianza por parte de empleados, clientes y consumidores; honorarios legales; imposición de órganos de supervisión y medidas correctivas dentro de la empresa, incluyendo la implementación de un programa eficaz de cumplimiento. Además, los ingresos potenciales que puedan obtenerse de la investigación y el desarrollo se pierden en la medida en que los sobornos ocupan el lugar de la innovación.

Gráfico 6. La mayoría de las sanciones se han impuesto a través de acuerdos

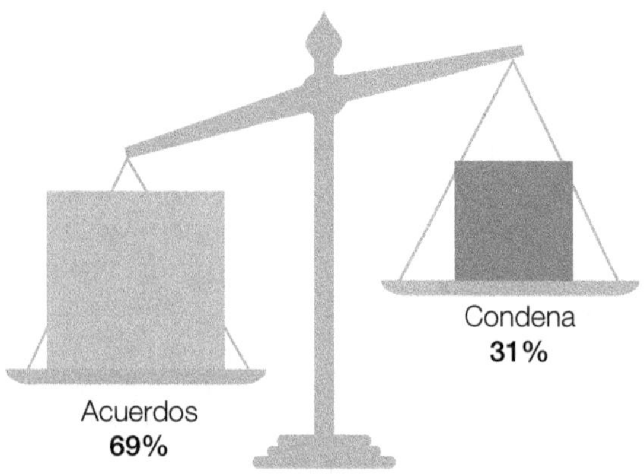

Fuente: Análisis de la OCDE sobre casos de cohecho internacional concluidos entre el 15/02/1999 y el 01/06/2014

El Gráfico 6 ilustra que en la mayoría de los casos las sanciones se impusieron a través de acuerdos. Desde la entrada en vigor de la Convención Anticohecho de la OCDE se han concluido casos de cohecho internacional mediante acuerdos, siguiendo los siguientes procedimientos: operación de una empresa sujeta a condición (*corporate probation*) (Canadá)[25]; sección 153a del Código de Procedimientos Penales (Alemania)[26]; *Patteggiamento* (Italia)[27]; Aviso de Sanción (Noruega)[28]; *Réparation* bajo el artículo 53 del Código Penal (Suiza)[29]; Convenios de No Ejercicio de la Acción Penal (NPA, por sus siglas en inglés, *Non-Prosecution Agreements*), Convenios de Ejercicio Diferido de la Acción Penal (DPA, por sus siglas en inglés, *Deferred Prosecution Agreements*) y Acuerdos de Aceptación de Culpabilidad (Estados Unidos)[30]. El GTC de la OCDE ha analizado los procedimientos de acuerdos en cada uno de estos países, incluyendo si la información acerca del acuerdo se pone a disposición del público en general. Esta evaluación está disponible en los correspondientes reportes de evaluación de la Fase 3[31]. Los acuerdos debieran respetar los principios de debido proceso, transparencia y congruencia. Por este motivo, y de acuerdo con las recomendaciones del GTC de la OCDE, el resultado de las negociaciones de acuerdos debería hacerse de conocimiento público cuando sea adecuado, y de acuerdo con las leyes aplicables, especialmente los motivos acerca de por qué es conveniente un acuerdo extrajudicial, los hechos básicos del caso, las entidades o personas sancionadas, las sanciones acordadas y los términos del acuerdo.

EUR 1.8 MIL MILLONES

ES LA CANTIDAD MÁS ALTA EN SANCIONES ECONÓMICAS COMBINADAS IMPUESTAS EN UN CASO DE COHECHO INTERNACIONAL

En términos de sanciones, el Gráfico 7 muestra el valor total impuesto en sanciones económicas combinadas (es decir, multa, decomiso y compensación) en el tiempo. Cuando se lo observa en relación con el Gráfico 1, el límite más elevado en sanciones (USD 1.3 mil millones en 2010) corresponde a la información que muestra que 2010 fue el año en el cual se tuvo el segundo número mayor de casos de cohecho internacional concluidos (68). Sin embargo, el segundo límite más elevado en sanciones (USD 1.26 mil millones en 2013) ocurrió en un año en el que únicamente se concluyeron 42 casos. Esto sugiere que el monto anual promedio de las sanciones no necesariamente corresponde con el número de acciones de aplicación de la ley concluidas por año.

Gráfico 7. Cantidad total impuesta en sanciones económicas combinadas

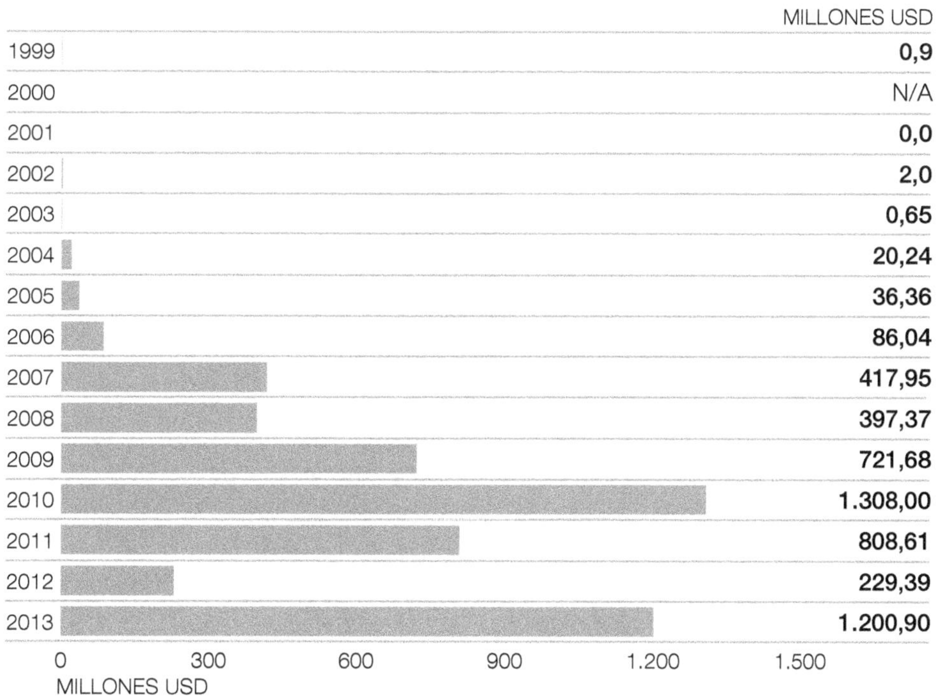

Fuente: Análisis de la OCDE sobre casos de cohecho internacional concluidos entre el 15/02/1999 y el 31/12/2013

USD 149 MILLONES

ES LA CANTIDAD MÁS ALTA CONFISCADA A UNA PERSONA EN UN CASO DE COHECHO INTERNACIONAL

COHECHO INTERNACIONAL: QUIÉN, QUÉ, DÓNDE, POR QUÉ Y CÓMO

Debido al aumento en las acciones de aplicación de la ley en materia de delito de cohecho internacional a nivel mundial, hoy más que nunca se cuenta con información disponible acerca de cómo se lleva a cabo este delito, incluyendo quién está cometiendo el soborno y quién lo recibe, cuál es el costo de un soborno, cómo se pagan los sobornos, dónde y por qué motivo.

¿QUIÉN COMETE EL SOBORNO?

La Convención Anticohecho de la OCDE obliga a las Partes a que se exija responsabilidad a sus ciudadanos y empresas por el delito de cohecho a servidores públicos extranjeros en transacciones comerciales internacionales. Con base en la información disponible para este informe, se han sancionado a 263 personas y 164 entidades por el delito de cohecho internacional.

El Gráfico 8 ilustra el tamaño de las empresas que han estado involucradas en el cohecho internacional o cuyos representantes han sobornado a servidores públicos extranjeros. Únicamente el 4% de las empresas sancionadas eran pequeñas y medianas empresas (PYMES)[32]. En el 60% de los casos, la empresa asociada con los hechos de corrupción tenía más de 250 empleados. En el 36% de los casos, se desconoce el tamaño de la empresa involucrada.

Gráfico 8. ¿Cuál era el tamaño de las empresas sancionadas?

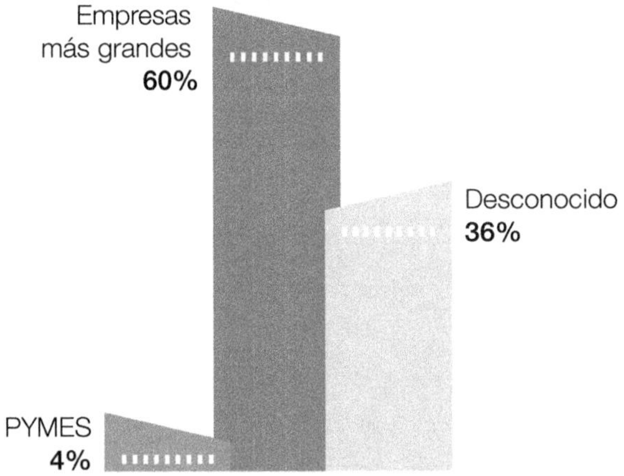

Las Pequeñas y Medianas Empresas (PYMES) se identifican de acuerdo con la Recomendación de la Comisión de la UE 2003/361/CE, que las define como negocios con menos de 250 empleados

Fuente: Análisis de la OCDE sobre casos de cohecho internacional concluidos entre el 15/02/1999 y el 01/06/2014.

Gráfico 9. Casi dos tercios de los casos de cohecho internacional ocurrieron en cuatro sectores

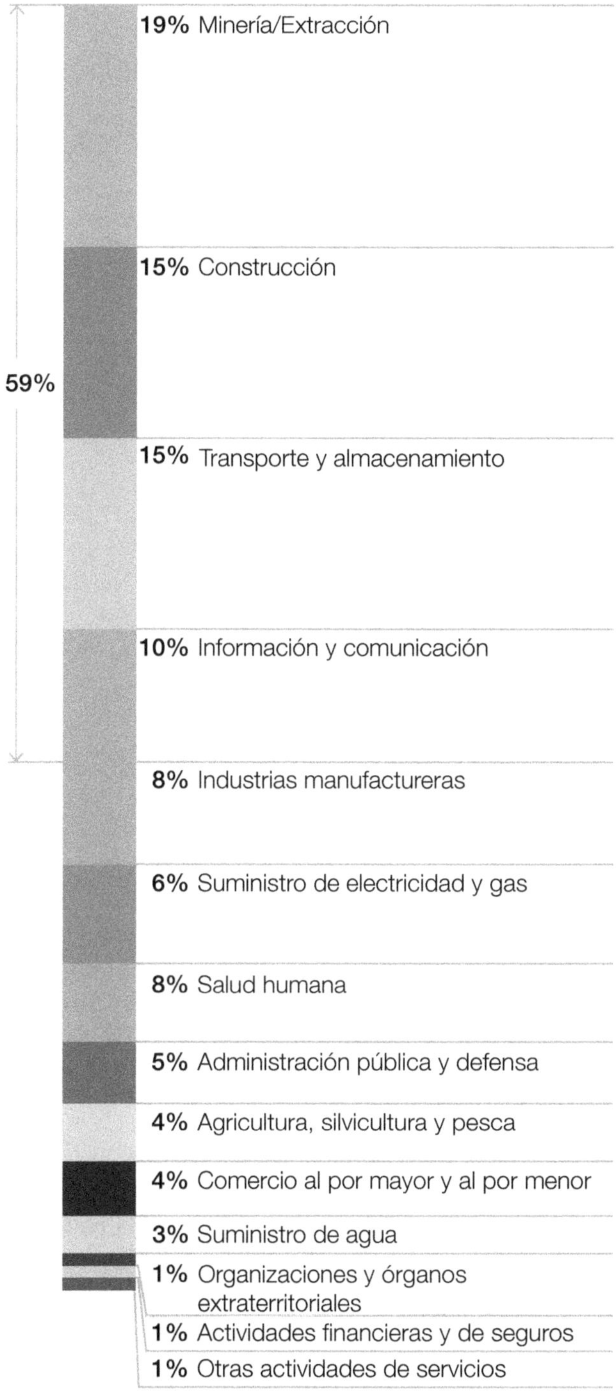

Los sectores se identifican en referencia a la Clasificación Industrial Internacional Uniforme de Todas las Actividades Económicas de las Naciones Unidas (CIIU), Rev.4 (http://unstats.un.org/unsd/publication/seriesM/seriesm_4rev4s.pdf).
Fuente: Análisis de la OCDE sobre casos de cohecho internacional concluidos entre el 15/02/1999 y el 01/06/2014

El Gráfico 9 ilustra el sector de actividad[33] de las personas y empresas que fueron acusadas y sancionadas por cohecho internacional. Los sectores se determinan dependiendo de la función específica que la empresa en cuestión realizó en cada caso. Por ejemplo, si una empresa de ingeniería trabajaba principalmente en la industria de extracción y fue sancionada por soborno en la construcción de una plataforma petrolera, entonces se considera dentro de la industria de extracción. Para fines del presente análisis, las empresas que más frecuentemente han sido sancionadas por cohecho internacional provienen de las industrias de extracción (19%)[34], construcción (15%), transporte y almacenamiento (15%), información y comunicación (10%) y manufactura (8%). Esta información puede contrastarse con el Índice de Fuentes de Soborno 2011 (BPI, por sus siglas en inglés, *Bribe Payers Index*)[35] publicado por Transparencia Internacional, que califica los sectores de servicios más propensos al soborno en contratos de obras públicas y construcción (5.3), servicios públicos (6.1), sector inmobiliario, de propiedades y servicios empresariales y jurídicos (6.1), petróleo y gas (6.2) y extracción (6.3). Estas cifras se basan en una encuesta practicada a más de 3000 ejecutivos de negocios a nivel mundial, acerca de la mayor probabilidad de que las empresas cometan soborno en 19 sectores de negocios diferentes. Los sectores se califican en una escala de 0 a 10, donde la calificación máxima de 10 corresponde a la percepción de que las empresas en ese sector nunca cometen cohecho en ese sector y 0 corresponde a la percepción de que siempre lo hacen.

El Gráfico 10 indica el nivel que ocupa dentro de la empresa la persona que pagó, tuvo conocimiento de o autorizó el pago del soborno internacional. En ocasiones se superponen las categorías en un mismo caso, cuando diversos individuos en niveles distintos de la empresa estuvieron involucrados, y por lo tanto se tomaron en consideración diferentes entradas de manera individual. En la mayoría de los casos, la gerencia[36] (41%) o incluso el director ejecutivo(12%) tuvo conocimiento y apoyó el soborno, desacreditando el mito del "empleado aislado" y demostrando la necesidad de un "lineamiento claro desde arriba" en la implementación de las políticas anticohecho, según se señala en la Guía de Buenas Prácticas Sobre Controles, Ética y Cumplimiento de la OCDE.[37]

Los Gráficos 9 y 10 ofrecen una idea muy clara de qué sectores han sido sancionados con mayor frecuencia, el nivel dentro de la empresa de la persona que pagó, tuvo conocimiento o autorizó el cohecho internacional y, con base en el Gráfico 16, el uso común de intermediarios para canalizar el soborno.

Gráfico 10. La Alta Gerencia estuvo involucrada en más de 50% de los casos

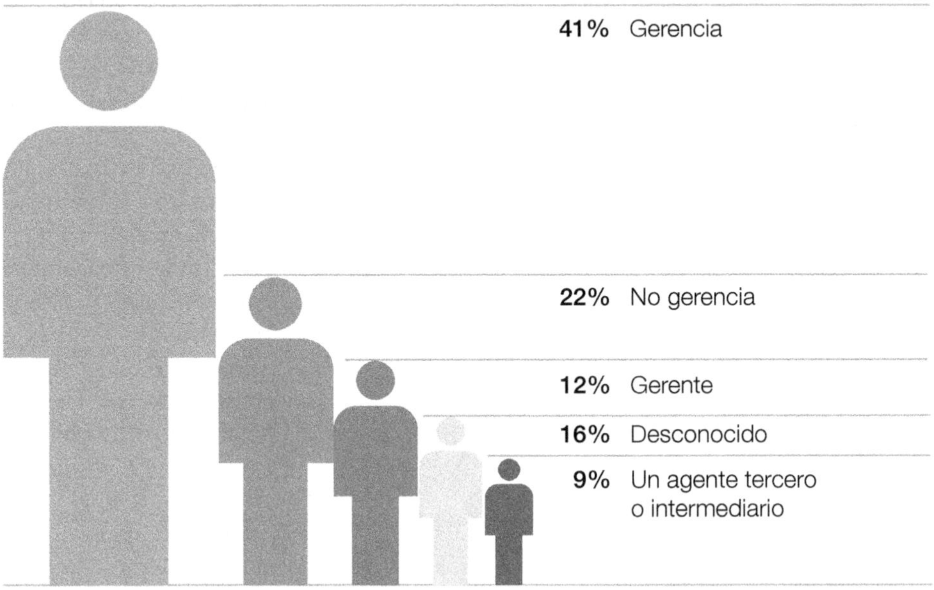

Fuente: Análisis de la OCDE sobre casos de cohecho internacional concluidos entre el 15/02/1999 y el 01/06/2014

80.11%

DEL TOTAL DE SOBORNOS FUE PROMETIDO, OFRECIDO O ENTREGADO A SERVIDORES PÚBLICOS LAS EPE

¿QUIÉN RECIBE EL SOBORNO?

Si bien la Convención Anticohecho de la OCDE se enfoca desde la perspectiva de quién entrega el soborno en transacciones comerciales internacionales, también es importante considerar quién está del lado del receptor en una transacción corrupta, teniendo en cuenta la difícil cuestión de las cantidades solicitadas de manera ilegítima por los servidores públicos. Esta sección muestra el llamado "lado de la demanda" de una operación de cohecho internacional.

El Gráfico 11 muestra la función de los servidores públicos extranjeros que recibieron o solicitaron las cantidades del soborno en estos casos, así como el porcentaje del total de estas cantidades que recibieron. Por favor, consulte el Glosario para obtener mayor información acerca de cada una de las categorías de servidores públicos. La categoría más grande de servidores públicos extranjeros que recibieron sobornos es la de los empleados las EPE, o empresas propiedad del Estado, quienes recibieron sobornos en el 27% de los casos[38]. En términos de la función del servidor público de la EPE que recibió el soborno, esta abarca desde el nivel de Director Ejecutivo o Presidente, la gerencia (por ejemplo, Director Ambiental, Director de Finanzas, Director de Relaciones Internacionales) e incluso

Gráfico 11. Proporción de sobornos pagados por categoría del servidor público

PORCENTAJE DE FUNCIONARIOS QUE RECIBIERON EL SOBORNO		PORCENTAJE DE SOBORNOS PROMETIDOS, OFRECIDOS O ENTREGADOS
27%	Funcionario de una EPE	80.11%
11%	Funcionario aduanero	1.14%
7%	Funcionario de salud	0.92%
6%	Funcionario de defensa	2.93%
4%	Funcionario a cargo de los recursos naturales	0.08%
4%	Funcionario de una organización internacional	0.22%
4%	Funcionario fiscal	0.21%
4%	Funcionario electo	0.55%
3%	Ministro / Secretario	4.08%
3%	Funcionario encargado de transportes	0.06%
3%	Funcionario de adquisiciones en el sector público	0.25%
3%	Familiar de servidor público	NON CONNU
2%	Funcionario marítimo	>0.01%
2%	Funcionario encargado de la aplicación de las leyes	0.07%
2%	Jefe de Estado	6.97%
2%	Funcionario de inteligencia	0.01%
1%	Funcionario diplomático	0.18%
1%	Funcionario ambiental	>0.01%
1%	Funcionario de migración	>0.01%
1%	Partido político	0.05%
>0.1%	Funcionario del gobierno local	>0.01%
>0.1%	Vice-ministro / Subsecretario	>0.01%
>0.1%	Funcionario de educación	>0.01%
11%	Desconocido	2.17%

Fuente: Análisis de la OCDE sobre casos de cohecho internacional concluidos entre el 15/02/1999 y el 01/06/2014

empleados de nivel más bajo. En algunos casos, el funcionario de la EPE tuvo un cargo dual, tal como ministro de transporte o asesor de un funcionario de alto nivel. En un caso, el funcionario de la EPE era hijo de un anterior jefe de estado, y presidente de una subsidiaria de la empresa nacional de petróleo. Esta información nos lleva a la cuestión de la integridad de las prácticas de gobierno corporativo y, de manera relacionada, a la implementación y supervisión de los procesos para la toma de decisiones en las EPE. Demuestra la importancia de contar con medidas eficaces para manejar los conflictos de intereses y procedimientos transparentes de adquisiciones en el sector público y sujetos a rendición de cuentas en las EPE[39]. La siguiente categoría más grande involucra a funcionarios aduaneros (11%), seguidos de funcionarios de salud (7%) y de defensa (6%). Jefes de Estado y ministros fueron sobornados en un total del 5% de los casos.

El Gráfico 11 también establece el porcentaje del total de las cantidades ofrecidas, prometidas o entregadas como soborno en relación con cada una de las categorías de servidor público. Esto solamente puede ser una estimación aproximada, debido a que la información del caso rara vez especificaba exactamente cuánto se pagó y a quién. El conjunto de datos tampoco permitió contabilizar dos veces, en los casos en que más de una categoría de servidor público estuvo involucrada en la transacción. Sobre la base de la información disponible (en 224 de los casos), se sobornó a funcionarios de EPE en 27% de los casos, pero los mismos recibieron 80.11% del total de los sobornos. En un total de 5% de los casos, se sobornó a jefes de Estado y ministros, pero éstos recibieron 11% de las cantidades entregadas. Esto confirmaría la noción preconcebida de que, mientras más poderoso es el funcionario, más recibe en sobornos. Se sobornó a funcionarios aduaneros en 11% de los casos, quienes únicamente recibieron 1.14% de los sobornos, lo que sugiere que las cantidades entregadas en estos casos, pudieron haber tenido más la naturaleza de "pagos de facilitación".

El Gráfico 12 muestra que el 95.1% de los sobornos se pagó a funcionarios en sólo cinco categorías. En todas las demás categorías, la proporción fue inferior al 1%. Si bien no está dentro del ámbito del presente informe, trabajos futuros podrían analizar si los servidores públicos que recibieron los sobornos fueron sometidos a la justicia.

Gráfico 12. Noventa y cinco por ciento de los sobornos se pagaron a funcionarios en 5 categorías

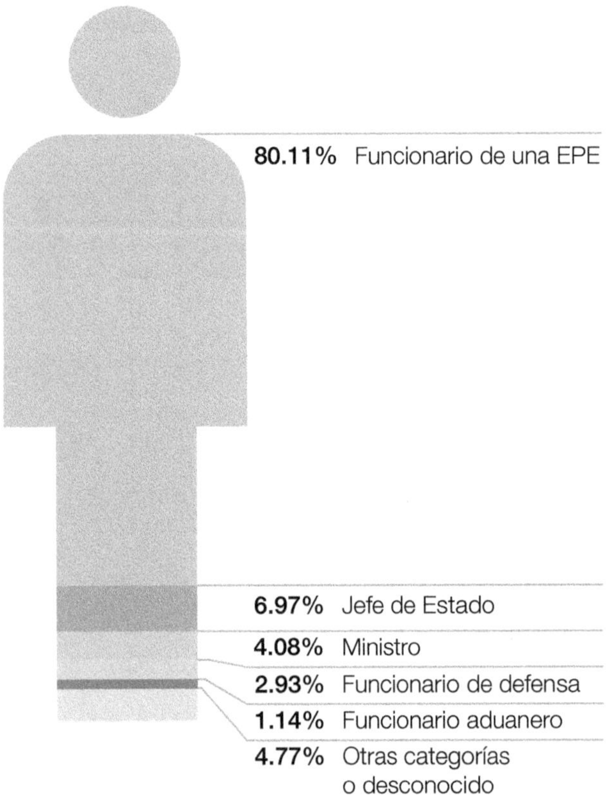

Fuente: Análisis de la OCDE sobre casos de cohecho internacional concluidos entre el 15/02/1999 y el 01/06/2014

¿CUÁL ES EL COSTO DE UN SOBORNO?

En 224 de los casos, se contó con información disponible acerca de valor de los sobornos[40]. Es importante tener en cuenta que dicha cantidad indica únicamente el valor que aparece en las resoluciones judiciales o documentos que contienen los acuerdos; el total de las cantidades prometidas o pagadas en cada uno de los casos puede ser en general más elevado que las sumas reportadas. La cantidad total más alta ofrecida en un solo caso de cohecho internacional fue USD 1.4 mil millones, mientras que la más pequeña fue USD 13.17. La cantidad total pagada como sobornos en los 224 casos donde estuvo disponible esta información fue de USD 3.1 mil millones. Considerando la naturaleza compleja y oculta de las transacciones corruptas, esto es, sin duda, apenas la punta del iceberg.

31%

DE LOS ACUSADOS DENUNCIÓ VOLUNTARIAMENTE A LAS AUTORIDADES SU PARTICIPACIÓN EN UN ACTO DE COHECHO INTERNACIONAL

La información acerca del valor del soborno y el valor total de la transacción que derivó del soborno estuvo disponible en 55 casos. Por ejemplo, una sentencia señalaba el valor total del contrato específico obtenido (USD 6 millones) pero establecía que los sobornos se pagaron para asegurar contratos en proceso de hasta USD 100 millones. En este caso, se tomaron en cuenta ambos valores. Sin embargo, esta información no estuvo disponible en todos los casos, y es importante considerar que aún en los casos donde se especifica el valor total de la transacción, la empresa o la persona acusada pudo haber obtenido otros beneficios, más importantes, que son difíciles de cuantificar, por ejemplo, la entrada a un nuevo mercado o una posición dominante o un monopolio en cierto sector[41]. Para fines del presente informe, el valor de la transacción completa ha sido llamado "valor de la operación", es diferente de (y mayor a) las ganancias obtenidas por las personas y por las empresas en transacciones de cohecho internacional.

El Gráfico 13 contempla los 55 casos que contenían información tanto de la cantidad pagada en sobornos como del valor de la operación. Muestra la distribución de los sobornos pagados como un porcentaje del valor de la operación, comparadas con el promedio del valor de la operación para cada categoría. Para la mayoría de los casos, el soborno prometido, ofrecido o entregado es hasta del 5% del valor de la operación. Estos casos también implican el promedio más alto del valor de la operación (USD 834 millones). En 8 de los 57 casos, los sobornos ascendieron a más del 25% del valor de la operación, aunque el promedio del valor de la operación en estos casos no superó los USD 100 millones. En promedio, las cantidades entregadas como soborno equivalen al 10.9% del valor de la operación y al 34.5% de las ganancias.

Según se establece en el documento *OECD Issues Paper on Corruption and Economic Growth*, "[E]l verdadero costo social de la corrupción no puede medirse por las cantidades pagadas en concepto de soborno, ni siquiera por el valor del erario público robado. Más bien, la pérdida de resultados derivada de la asignación indebida de los recursos, las distorsiones de incentivos y otras ineficiencias causadas por la corrupción representan su verdadero costo para la sociedad."[42]. En este contexto, el promedio de 10.9% del valor de la operación gastado en sobornos significa que la persona o la empresa que comete el cohecho de alguna forma tendría que recuperar o compensar estos costos. Algunas empresas podrían hacer esto pagando menos a los empleados en países con leyes laborales más débiles.

Gráfico 13. Los sobornos como un porcentaje del valor de la operación

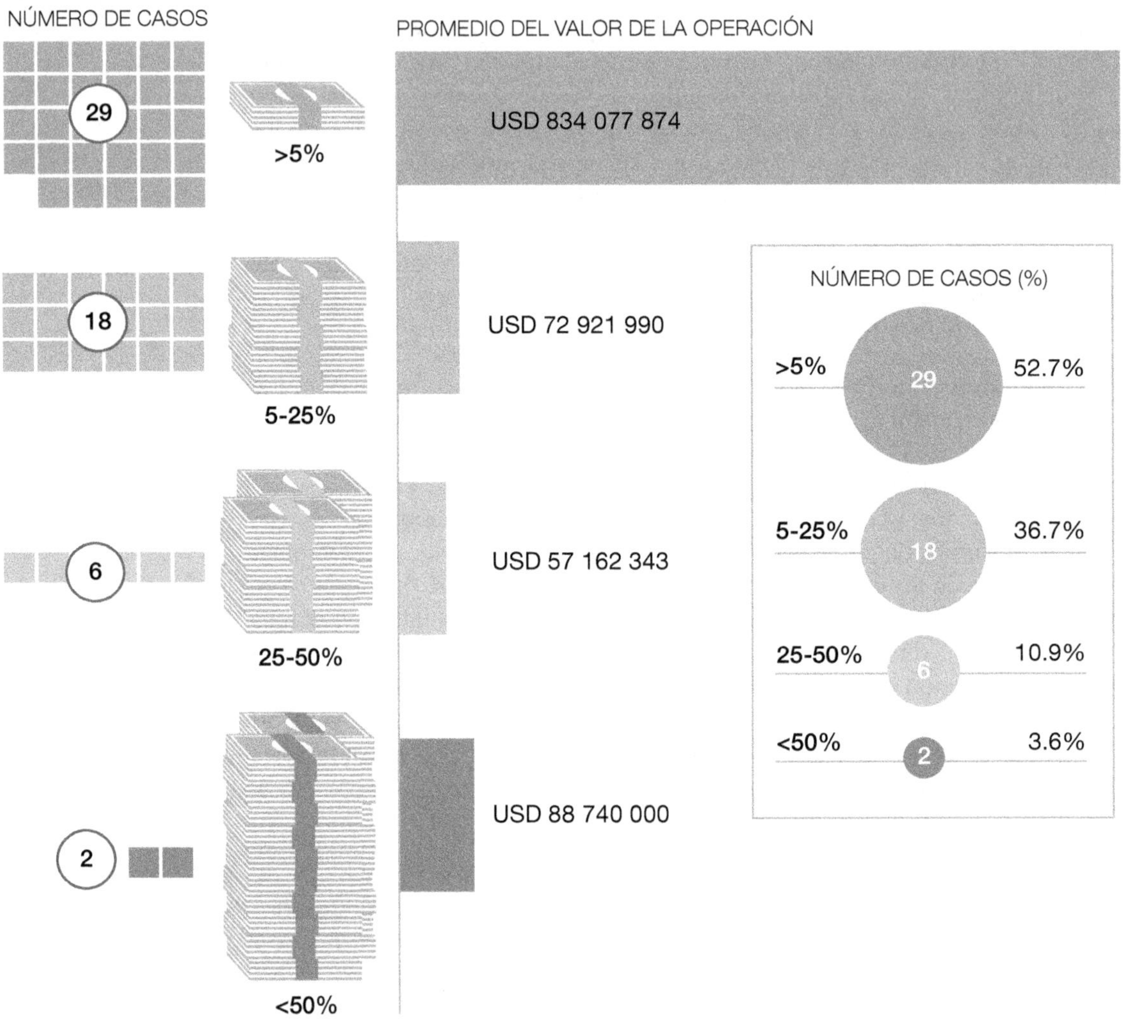

Fuente: Análisis de la OCDE sobre casos de cohecho internacional concluidos entre el 15/02/1999 y el 01/06/2014. Con base en los 55 casos que contenían información tanto de la cantidad pagada en sobornos como del valor de la operación.

Otros podrían inflar la cotización de los bienes o servicios a ser suministrados, lo cual requeriría gastar en el proyecto más dinero público del que se debía haber asignado. Las compañías también podrían recuperar costos reduciendo el gasto en la entrega de bienes y servicios. Por ejemplo, reducir costos en el sector de la construcción podría resultar en caminos, puentes o edificios públicos defectuosos. Reducir costos en el sector de la salud podría significar medicinas caducadas o inefectivas y equipo médico obsoleto o ineficaz. En el sector de servicios, esto podría significar que los ciudadanos paguen más de lo que debieran pagar por un servicio público. En un caso, se pagaron sobornos en el contexto de un proyecto de un documento nacional de identidad para influenciar a los funcionarios a que emitieran un decreto obligando a los ciudadanos a comprar los documentos, claramente a fin de recuperar las concesiones de precio que se hicieron en el proceso corrupto de adquisición. Al final, el proyecto se abandonó y el decreto nunca se emitió.[43]

El Gráfico 14 considera esta información para los sectores involucrados. Muestra el porcentaje de la cantidad total pagada como soborno en relación con el valor de la operación por sector, para mostrar el "costo" relativo de los sobornos por sector en los 57 casos en que hubo información disponible para ambos rubros. Hubo una variación sorprendente entre los sectores, con sobornos que ascienden a 2%

Gráfico 14. Los sobornos como un porcentaje del valor de la operación por sector

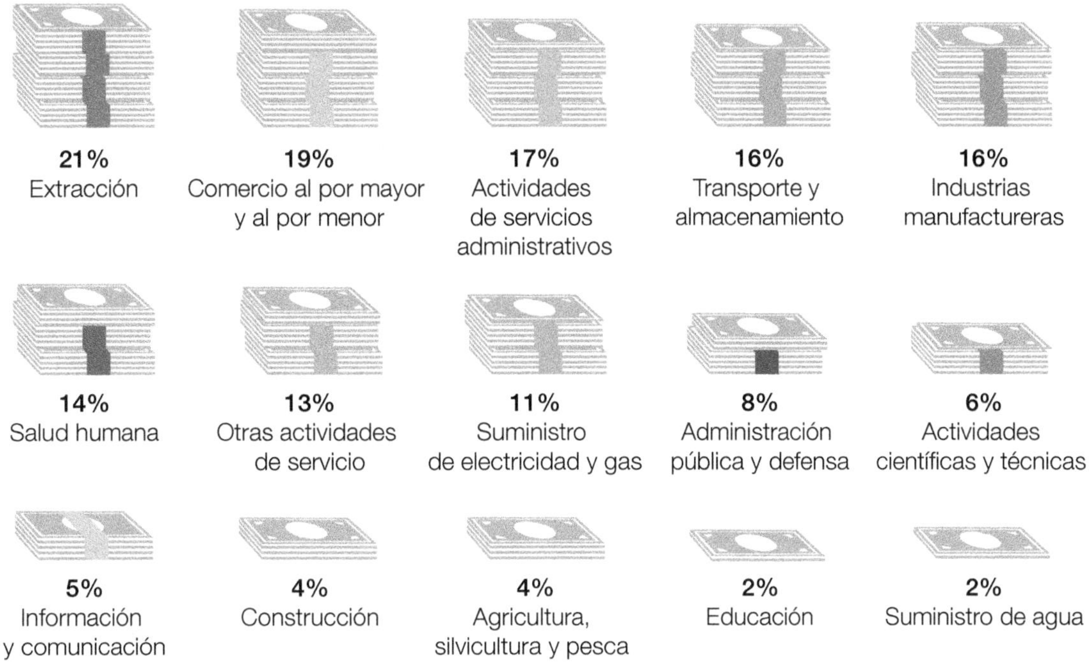

Fuente: Análisis de la OCDE sobre casos de cohecho internacional concluidos entre el 15/02/1999 y el 01/06/2014. Con base en los 55 casos que contenían información tanto de la cantidad pagada en sobornos como del valor de la operación.

del valor de la operación en los sectores de suministro de agua y educación, en comparación con los sectores de extracción y comercio al por mayor y al por menor, en donde las cantidades pagadas como soborno ascendieron al 21% y 19% del valor de la operación respectivamente.

Otro punto de interés en la hipótesis del "retorno de la inversión" para transacciones corruptas es la relación que existe entre la cantidad impuesta como sanción económica y las ganancias, o ingresos, obtenidos como resultado de los sobornos pagados. Esta comparación también contribuye a evaluar si las sanciones económicas impuestas en un caso específico son "eficaces, proporcionales y disuasorias", de acuerdo con lo dispuesto en el Artículo 3 de la Convención Anticohecho de la OCDE. Por supuesto, y como ha quedado señalado, hay otros costos substanciales involucrados en las acciones de aplicación de las leyes en materia de cohecho internacional que no pueden ser cuantificados en términos monetarios, o no constituyen sanciones oficiales.

El Gráfico 15 ilustra la distribución de todas las sanciones impuestas como porcentaje de las ganancias obtenidas a raíz de la entrega de un soborno. Estos dos grupos de información únicamente estuvieron disponibles en 37 casos. En el 46% de estos casos, la sanción monetaria estuvo por debajo del 50% de los ingresos obtenidos por el acusado como resultado de haber sobornado a servidores públicos extranjeros. En el 41% de los casos, las sanciones económicas van del 100% a más del 200% de los ingresos provenientes de la operación ilícita. Este segundo grupo de información es consecuencia del hecho de que en algunos de los casos concluidos en los Estados Unidos, que representan la mayoría para los cuales hay información disponible, el valor de la sanción final impuesta a una empresa involucrada en una operación de cohecho internacional casi siempre incluye el decomiso (o resarcimiento de las ganancias) de los bienes que derivaron del delito de cohecho de servidores públicos extranjeros.

Gráfico 15. Sanciones económicas impuestas como porcentaje de las ganancias obtenidas

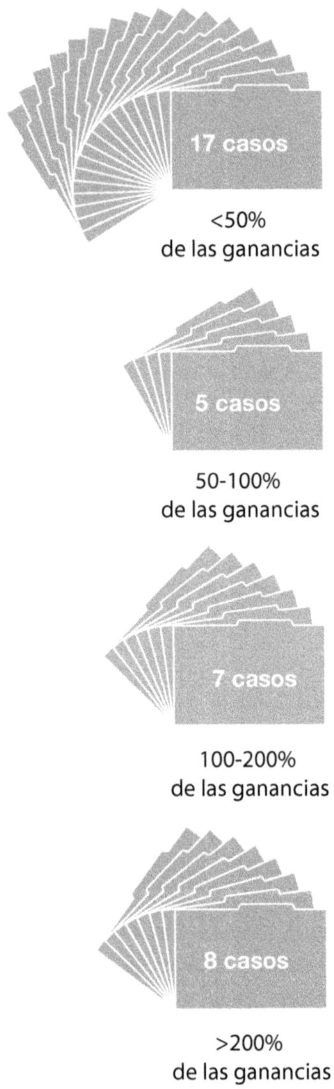

Fuente: Análisis de la OCDE sobre casos de cohecho internacional concluidos entre el 15/02/1999 y el 01/06/2014. Con base en los 37 casos donde estuvieron disponibles estos dos valores de información.

¿CÓMO SE PAGAN LOS SOBORNOS?

A fines del presente informe, se desprende claramente del análisis que en la amplia mayoría de los casos de cohecho internacional, el delito se cometió a través de un agente o intermediario. Este informe utiliza la definición de intermediario que se establece en las *Tipologías sobre el Papel de los Intermediarios en las Transacciones Comerciales Internacionales* elaboradas por la OCDE[44]:

> ...un intermediario se define o describe como la persona a quien se pone en contacto con dos o varias de las partes que intervengan en una actividad comercial, o entre éstas. En el contexto de los negocios, generalmente se entiende que un intermediario es el medio por el cual un proveedor ofrece bienes o servicios a un consumidor. Por consiguiente, el intermediario puede servir de conducto para actividades económicas legítimas, pagos ilegítimos por cohecho o para una combinación de ambas... Tanto las personas físicas como las morales, como las empresas de consultoría y las coinversiones están incluidas.

El Gráfico 16 muestra el porcentaje de los casos en que participaron intermediarios para entregar cuando menos uno de los sobornos. En tres de cada cuatro casos de cohecho internacional se realizaron pagos a través de intermediarios. También muestra el papel del intermediario en los 304 casos en que se usaron intermediarios. En el 41% de los casos se usó un "Agente"; esta categoría incluye agentes de ventas y mercadotecnia, distribuidores y brókeres establecidos localmente en el país donde se pagaron los sobornos, o en algún otro lugar. La tarifa de los "honorarios" cobrados por tales agentes, y qué tanto más agrega esto al costo del soborno podría ser objeto de trabajos futuros. La segunda categoría más grande de intermediarios, utilizada en el 35% de los casos, es la de la "Instrumento Societario". Esta categoría incluye a empresas subsidiarias, firmas locales de consultoría, empresas ubicadas en centros financieros extranjeros o paraísos fiscales, o empresas establecidas bajo la titularidad real del funcionario que recibió los sobornos o de la persona o de la entidad que los pagó.

Gráfico 16. La participación y función de intermediarios en casos de cohecho internacional

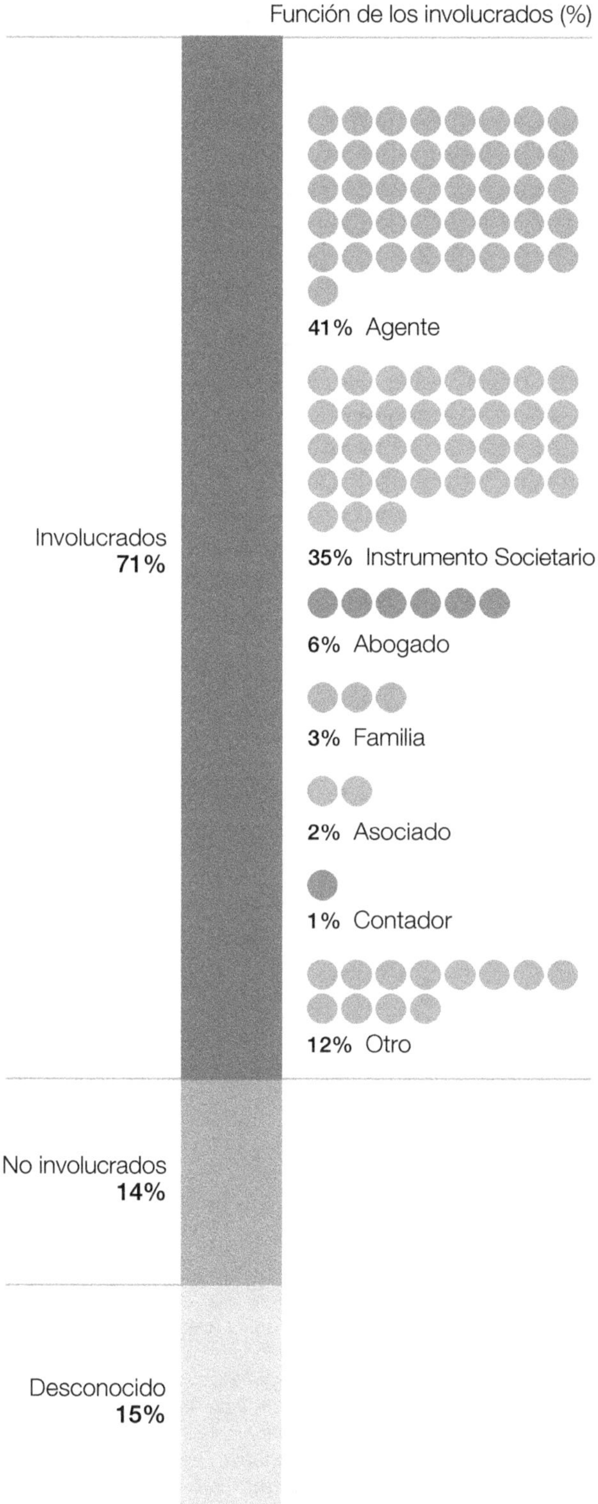

Fuente: Análisis de la OCDE sobre casos de cohecho internacional concluidos entre el 15/02/1999 y el 01/06/2014. Con base en los 304 casos en los que se utilizaron intermediarios.

Se utilizaron abogados como intermediarios en el 6% de los casos. En el 3% de los casos se utilizó como intermediarios a miembros de la familia del servidor público. Los contadores públicos y los asociados (incluyendo asesores) del funcionario se utilizaron en el 1% y el 2% de los casos respectivamente. La naturaleza del intermediario no se especificó en el 12% de los casos.

¿DÓNDE SE PAGAN LOS SOBORNOS?

Una percepción común del cohecho internacional en los negocios internacionales es que los empresarios y las empresas de las economías más ricas, más desarrolladas, únicamente sobornan funcionarios en los países menos desarrollados para obtener contratos lucrativos. El análisis de este informe sugiere que esta percepción debe revisarse.

El Gráfico 17 muestra que, entre los 427 casos materia del presente informe, la mayoría de los sobornos pagados en el extranjero no se entregaron a funcionarios de países en desarrollo. De hecho, casi la mitad de los casos implicó el soborno de funcionarios públicos extranjeros de países con niveles de altos a muy altos de desarrollo humano, con base en el Índice de Desarrollo Humano (IDH) de las Naciones Unidas del país donde se llevó a cabo el cohecho, cuando este fue perpetrado. Para los casos que ocurrieron antes del 2012, se hizo referencia al IDH del 2011, mientras que los casos agregados después del 2012 hacen referencia al IDH del 2013. En los casos en que se entregaron sobornos en diversos países en un solo caso, se tomó en cuenta el IDH de cada país.

Uno de cada 5 sobornos fue pagado en países con un desarrollo humano "muy alto". El Gráfico 18 muestra los países cuyos servidores públicos recibieron o a quienes se ofrecieron sobornos. Estos incluyen a 24 de los 41 países miembros del GTC de la OCDE y a 15 de los 19 países miembros del G20 (el 20° miembro del Grupo es la Unión Europea). Puede haber muchas razones para este resultado, incluso que los países con niveles más altos de desarrollo humano pueden tener una capacidad mayor para cooperar en las investigaciones de cohecho internacional, tales como la detección, obtención y entrega de pruebas a autoridades

Gráfico 17. Dos tercios de los sobornos se pagaron a funcionarios de países con un elevado Índice de Desarrollo Humano de la ONU

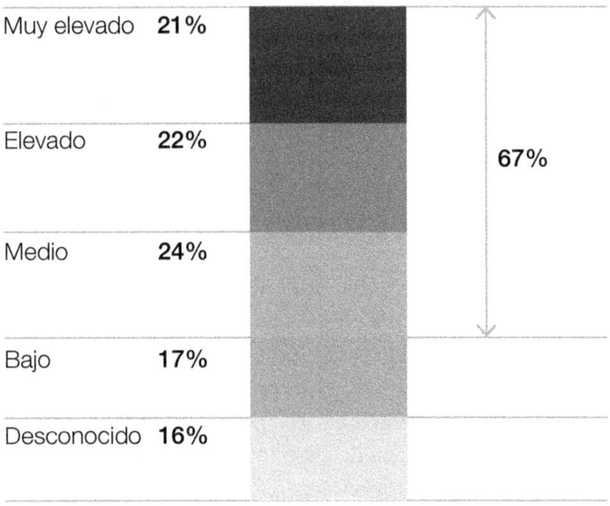

Fuente: Análisis de la OCDE sobre casos de cohecho internacional concluidos entre el 15/02/1999 y el 01/06/2014

extranjeras encargadas de la aplicación de las leyes. Dichos países podrían también tener una inclinación mayor a compartir información, debido a que tienen menos que perder cuando un inversionista importante se retira de sus mercados. En cualquier caso, la información ciertamente muestra que los sobornos se pagan a funcionarios de economías en todas las etapas de desarrollo y no solamente a las economías en desarrollo, como muchos hubieran podido pensar.

¿DÓNDE SE CASTIGA A LOS QUE SOBORNAN?

El Gráfico 19 ilustra el número de casos de cohecho internacional (con frecuencia involucra a diversas personas y empresas acusadas) sancionados por país, a partir de la entrada en vigor de la Convención Anticohecho de la OCDE. Los Estados Unidos han sancionado a personas y entidades por el delito de cohecho internacional en relación con 128 casos diferentes de cohecho internacional; Alemania ha

Gráfico 18. Dónde se pagaron los sobornos: países cuyos servidores públicos recibieron sobornos en el contexto de transacciones comerciales internacionales

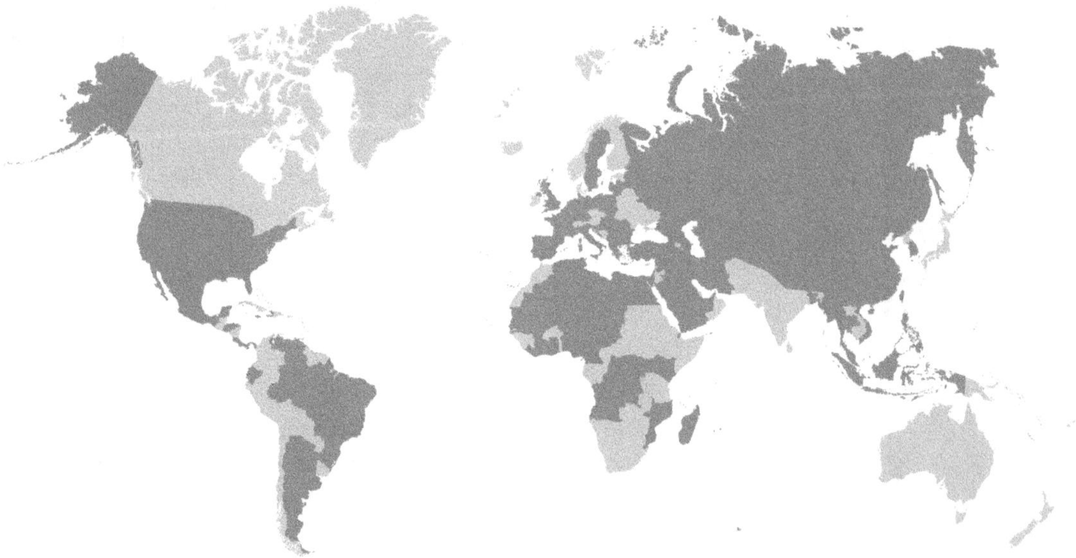

Albania, Alemania, Angola, Arabia Saudita, Argelia, Argentina, Azerbaiyán, Bahréin, Bangladesh, Bélgica, Benín, Brasil, Bulgaria, Camerún, Chad, China, Corea, Costa de Marfil, Costa Rica, Croacia, Ecuador, Egipto, Emiratos Árabes Unidos, Eslovaquia, Eslovenia, España, Estados Unidos de América, Antigua República Yugoslava de Macedonia, Filipinas, Francia, Georgia, Ghana, Grecia, Haití, Honduras, Hungría, India, Indonesia, Irak, Irán, Israel, Italia, Jamaica, Kazajstán, Kenia, Kirguistán, Letonia, Liberia, Libia, Lituania, Madagascar, Malasia, Malawi, Mali, Mauritania, México, Mongolia, Montenegro, Mozambique, Myanmar, Níger, Nigeria, Países Bajos, Panamá, Polonia, Portugal, Reino Unido, República Democrática del Congo, Rumania, Ruanda, Rusia, Senegal, Serbia, Siria, Suecia, Tailandia, Taipéi chino ,Túnez, Turkmenistán,Turquía, Uganda, Uzbekistán, Venezuela, Vietnam, Yemen, Yibuti.

Fuente: : Análisis de la OCDE sobre casos de cohecho internacional concluidos entre el 15/02/1999 y el 01/06/2014

sancionado a personas y entidades por el delito de cohecho internacional en relación con 26 casos diferentes; Corea con 11; e Italia, el Reino Unido y Suiza con 6. El resto de los países ha investigado y sancionado cinco o menos casos de cohecho internacional.

Es importante notar que los casos de cohecho internacional concluidos no siempre involucran a ciudadanos y empresas con oficinas centrales en el país que sanciona. La aplicación por jurisdicción extra-territorial de las leyes anticohecho en muchos países les permite investigar y enjuiciar tanto a extranjeros como a nacionales por el delito de cohecho de servidores públicos extranjeros. En algunos casos, la misma persona o empresa acusada pudieron haber sido sancionadas en distintas jurisdicciones por el mismo caso de cohecho internacional, ya sea por cohecho internacional u otros delitos. Debido a que el nivel de aplicación de la ley difiere entre los países, debe tenerse cuidado al extrapolar las tendencias.

Si bien los Estados Unidos han concluido el número más alto de casos, la distribución de los casos concluidos de cohecho internacional por país no es proporcional a su respectiva importancia como exportadores e inversionistas externos, de ahí el riesgo de que sus nacionales y compañías participen en el soborno de funcionarios extranjeros. A la fecha, 17 países entre los 41 Países Parte de la Convención Anticohecho de la OCDE han sancionado con éxito el cohecho internacional. A la fecha, con excepción de Bulgaria, todos los países que han concluido casos de cohecho internacional son países miembros de la OCDE, mientras que solamente ocho de los países mencionados en la lista son miembros del G20. Esto demuestra que hay una oportunidad importante para que los países del G20 investiguen, persigan y sancionen el cohecho de servidores públicos extranjeros de una manera más eficaz.

Gráfico 19. **Número de casos de cohecho internacional sancionados por país**

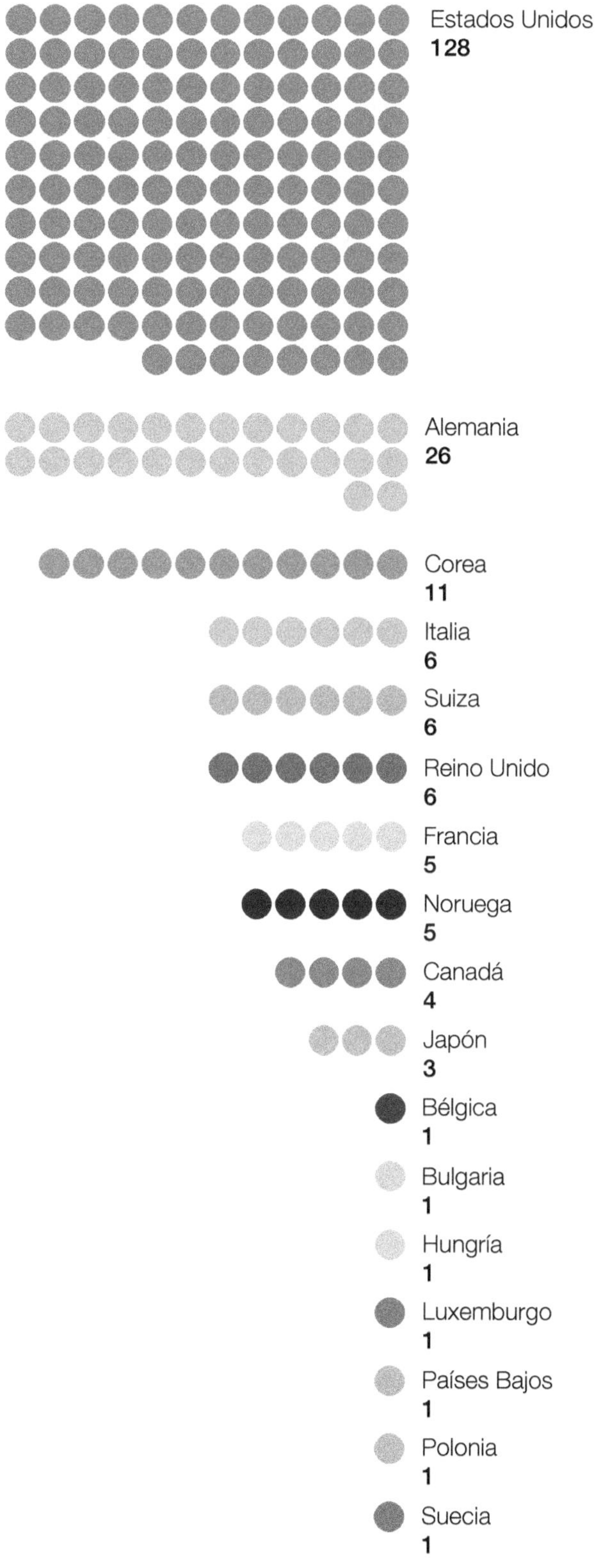

Fuente: Análisis de la OCDE sobre casos de cohecho internacional concluidos entre el 15/02/1999 y el 01/06/2014

Gráfico 20. Motivo del soborno

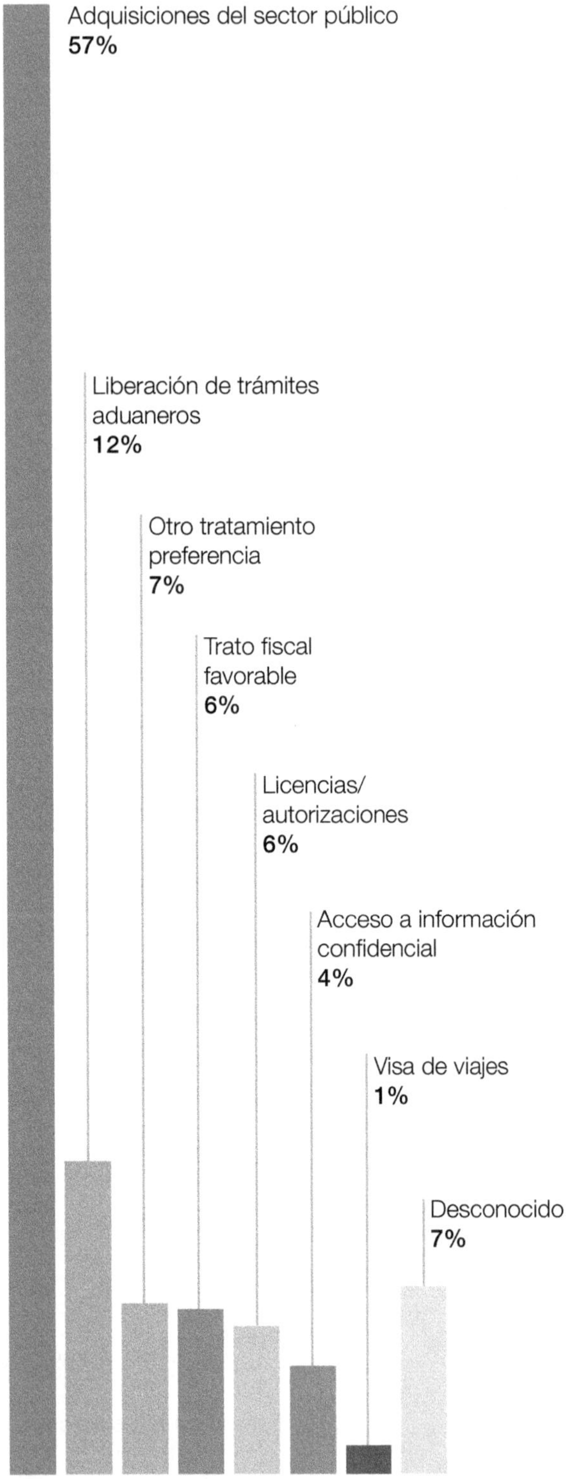

Fuente: Análisis de la OCDE sobre casos de cohecho internacional concluidos entre el 15/02/1999 y el 01/06/2014

¿POR QUÉ SE PAGAN LOS SOBORNOS?

A fin de entender mejor y, con ello, combatir el delito de cohecho internacional, es importante conocer el motivo de quienes pagan sobornos para obtener negocios. La información permitió un análisis de la naturaleza de la ventaja pretendida con el pago del soborno.

El Gráfico 20 señala las categorías de las ventajas que pretendían las personas y las empresas en el contexto de los sobornos que pagaron al realizar negocios internacionales. En la mayoría de los casos, los sobornos se pagaron para obtener contratos de adquisiciones en el sector público (57%), seguidos de liberación de trámites aduaneros (12%), tratamiento fiscal favorable (6%) y otros tratamientos preferenciales (7%). En el 6% de los casos se pagaron sobornos para obtener una licencia u otra forma de autorización, mientras que en el 4% de los casos los sobornos se pagaron a cambio de acceso a información confidencial. Se pagaron sobornos por visas de viaje en el 1% de los casos. En el 7% de los casos no se especificó el motivo del soborno.

CONCLUSIONES Y PASOS SIGUIENTES

CONCLUSIONES PRELIMINARES

El Informe de la OCDE sobre Cohecho Internacional ofrece un panorama más claro del delito de cohecho internacional, y cómo se ha perpetrado hasta la fecha. El ámbito del informe es limitado, y las conclusiones extraídas aquí se verán beneficiadas de otros análisis más profundos, en la medida en que se desarrollen más casos. Con base en el análisis actual, pueden hacerse ciertas observaciones preliminares acerca de los casos de cohecho internacional que han sido concluidos a partir de la entrada en vigor de la Convención Anticohecho de la OCDE.

El cohecho internacional es un delito complejo. Por lo tanto, no sorprende que la mayoría de los casos de cohecho internacional se lleve a cabo a través de un agente o intermediario. En trabajos futuros, sería interesante analizar si el uso de intermediarios es mayor en los casos de cohecho internacional que en los casos de cohecho de servidores públicos a nivel nacional, junto con la proporción en la que los "honorarios" de dicho agente incrementan el ya de por sí significativo costo de la corrupción en los negocios.

Uno de los resultados más sorprendentes es el hecho de que en los casos de cohecho de servidores públicos extranjeros concluidos a la fecha, la corrupción no es, como algunos pudieran pensar, un flagelo propio de las economías en desarrollo. Casi la mitad de los casos de cohecho internacional involucran a funcionarios de países con niveles de IDH de elevados a muy elevados, lo cual demuestra que el delito se lleva a cabo en países de todos los niveles de desarrollo.

Estos hallazgos preliminares indican que la presión es adecuada para que los gobiernos eleven su nivel de aplicación de las leyes anticohecho y se aseguren que las sanciones para este delito sean eficaces, proporcionales y disuasorias. Ciertamente, se ha progresado en la lucha en contra del cohecho internacional, pero claramente se necesita hacer mucho más para ganar esta batalla. Las siguientes sugerencias han sido diseñadas para ayudar a lograr este objetivo:

■ DISPONIBILIDAD DE INFORMACIÓN SOBRE CASOS DE COHECHO INTERNACIONAL

El informe está salpicado con información "desconocida", que va del 2% al 36%, dependiendo de la naturaleza específica del conjunto de los datos. Muchos de los casos concluidos no contienen toda la información necesaria para hacer un análisis completo y no estaban disponibles públicamente. En la medida de lo posible, la información acerca de los casos de cohecho internacional debe hacerse de conocimiento público. Esto no solo demostraría un compromiso en el combate contra el cohecho internacional, sino también permitiría una mejor investigación fundamentada en evidencia y mejor comprensión de este delito complejo que ocurre de manera oculta.

DETECCIÓN Y DENUNCIA

Los funcionarios fiscales, funcionarios de embajadas, unidades de inteligencia financiera, funcionarios de adquisiciones en el sector público y autoridades en materia de competencia están bien posicionados para detectar y reportar casos de cohecho internacional. El número extremadamente bajo de casos concluidos que originalmente fueron detectados por estas autoridades sugiere una necesidad de fortalecer la detección del cohecho internacional y los mecanismos para denunciarlo en estas entidades, junto con una mayor cooperación inter-institucional.

En el 17% de los casos de cohecho internacional en los que las empresas hicieron una denuncia voluntaria a las autoridades encargadas de la aplicación de las leyes, la empresa se enteró por un denunciante interno, pero en ese momento solamente una de estas empresas tenía establecido un programa de cumplimiento y una línea telefónica para denuncias. Solamente en el 2% de los casos los denunciantes reportaron directamente a las autoridades. Por ello, debiera constituir una prioridad la introducción, fortalecimiento e implementación de mecanismos de protección a denunciantes en los sectores público y privado. La armonización de los programas de protección a denunciantes para diferentes delitos también reforzaría su eficacia.

PLAZOS

Los casos de cohecho internacional han continuado hasta 15 años después del último hecho delictivo, y en casi la mitad de los casos toman entre 5 y 10 años para finalizar. Estas cifras muestran la necesidad de que las autoridades encargadas de la aplicación de las leyes tengan el tiempo adecuado para investigar y perseguir el delito de cohecho internacional, que incluye suspender e interrumpir el período de prescripción a través de disposiciones cuando sea adecuado. Por otro lado, es crucial que las autoridades encargadas de la aplicación de las leyes lleven a cabo investigaciones efectivas y eficientes para evitar retrasos innecesarios.

SANCIONES

El informe demuestra la necesidad de, no solamente imponer sanciones económicas al delito de cohecho internacional, sino también decomisar los instrumentos o productos del cohecho (o bienes con valor equivalente) a fin de cumplir con el estándar de la Convención Anticohecho de la OCDE de contar con sanciones "eficaces, proporcionales y disuasorias".

ACUERDOS

La mayoría de los casos de cohecho internacional concluidos a partir de la entrada en vigor de la Convención Anticohecho de la OCDE se han terminado mediante acuerdos. Hay muchos argumentos a favor de los acuerdos que parecen utilizarse cada vez con más frecuencia, incluso en países que inicialmente eran reticentes. Sin embargo, los procedimientos para llegar a acuerdos debieran respetar los principios de debido proceso, transparencia y congruencia. Por este motivo, el resultado del acuerdo extrajudicial debe hacerse de conocimiento público cuando sea conveniente y de acuerdo con las leyes aplicables, especialmente las razones por las que se consideró conveniente celebrar un acuerdo, los hechos básicos del caso, las entidades o personas sancionadas, las sanciones acordadas, y los términos del acuerdo.

PROGRAMAS DE CUMPLIMIENTO

En varios de los casos de cohecho internacional concluidos a la fecha, los sobornos han sido pagados o autorizados por representantes del más alto nivel de una empresa, lo que muestra la constante necesidad de que los ejecutivos actúen de manera ejemplar en la implementación de los programas de cumplimiento anticohecho en las empresas. Si bien las PYMES constituyeron la minoría de las empresas sancionadas (4%), empresas de todos los tamaños vinculadas a los negocios internacionales deberían poner en operación medidas para combatir el riesgo de cohecho internacional.

El abrumador uso de intermediarios en los casos de cohecho internacional demuestra la necesidad de contar con mejores y más eficaces auditorías, vigilancia y aplicación del programa de cumplimiento de la empresa a terceros (sean personas o empresas) en transacciones comerciales internacionales. Los programas de cumplimiento deberían enfocarse específicamente en las auditorías en relación con los agentes y en verificar los móviles y la titularidad real de las demás empresas involucradas en la transacción.

Tomando en cuenta que los sobornos han sido pagados a funcionarios de países en diversas etapas de desarrollo, las evaluaciones de riesgo de corrupción deberían concentrarse en el contexto de la transacción, por ejemplo, cuando implique asociarse con una empresa propiedad del Estado (en el 27% de los casos, los sobornos se pagaron a funcionarios las EPE), procesos de adquisiciones en el sector público (contexto del cohecho en el 57% de los casos), o el uso de intermediarios (que ocurrió en el 71% de los casos).

También hay oportunidad de aumentar los incentivos para implementar programas de cumplimiento preventivo anticohecho, lo que incluye reconocer la existencia y eficacia de tales programas en la mitigación de sanciones en casos de cohecho internacional.

Las evaluaciones de riesgo anticohecho y el cumplimiento son igualmente críticos del lado de la demanda en una transacción de cohecho internacional. Por ello, los gobiernos deben asegurarse de que los servidores públicos que tengan contacto regular con negocios y con el sector privado estén adecuadamente capacitados e informados acerca de los riesgos y consecuencias del cohecho.

ADQUISICIONES PÚBLICAS

El elevado número (57%) de los casos en que los sobornos se pagaron en el contexto de adquisiciones en el sector público refuerza la necesidad de buscar una mayor integridad en los procesos de dicha actividad. Debería ser una prioridad para los gobiernos elevar de manera general la concientización de los funcionarios encargados de adquisiciones a través de capacitación a la medida, y darles herramientas para prevenir, detectar y hacer frente a delitos corporativos tales como la corrupción, colusión y lavado de dinero.

En ese mismo sentido, el hecho de que solamente 2 de 427 casos resultaran en exclusión demuestra que los países deben hacer un esfuerzo mayor para asegurarse que quienes son sancionados por haber cometido cohecho de servidores públicos extranjeros queden inhabilitados de participar en contratos de adquisiciones en el sector público a nivel nacional.

PASOS SIGUIENTES

Si bien el presente informe constituye un primer intento para medir la corrupción internacional, aún queda mucho por hacer, tanto en términos de un mayor análisis en profundidad como de estudios horizontales adicionales. La siguiente es una lista de ideas para trabajos futuros, a partir de los hallazgos de este primer Informe de la OCDE sobre Cohecho de Servidores Públicos Extranjeros y con ello fortalecer los esfuerzos para comprender y combatir mejor este delito.

- El Informe de la OCDE sobre Cohecho Internacional podría ser una publicación periódica, actualizada de manera anual, dependiendo de si hay un número suficiente de nuevos casos de cohecho internacional para generar información nueva o nuevas tendencias.
- Los datos detrás del Informe de la OCDE sobre Cohecho Internacional podrían hacerse de conocimiento público a través de una base de datos en línea, que sería mantenida por la OCDE.
- Un análisis posterior podría enfocarse en las diferencias que existen en las sanciones aplicadas a casos concluidos a través de juicios penales y los que terminan en acuerdos. También se podrían comparar sentencias de encarcelamiento impuestas a personas acusadas, para evaluar el estándar de sanciones "eficaces, proporcionales y disuasorias" cuando se trata de encarcelamiento.
- Un trabajo futuro podría enfocarse en el papel que desempeñan las EPE o empresas propiedad del Estado tanto como sujetos activos como pasivos del cohecho. Las áreas de enfoque podrían incluir cuántas de las empresas sancionadas son total o parcialmente propiedad del Estado, junto con la integridad de las prácticas de gobierno corporativo en las EPE, específicamente la implementación y supervisión de procesos para la toma de decisiones y medidas para la gestión de conflictos de interés en procedimientos de adquisiciones de las EPE. Este análisis contribuiría al trabajo constante de la OCDE en el campo del gobierno corporativo de las EPE.
- Si bien el Informe de la OCDE sobre Cohecho Internacional se ha enfocado en el lado de la oferta del cohecho de servidores públicos extranjeros, trabajos futuros podrían analizar la proporción de los casos de cohecho internacional en los que el servidor público de manera activa solicitó los sobornos, así como revisar si los funcionarios públicos que solicitaron o recibieron los sobornos fueron sometidos a la justicia.
- Para continuar el trabajo de la OCDE en el campo del cohecho y los créditos oficiales para exportación, el soborno y la ayuda oficial para el desarrollo, los análisis futuros podrían enfocarse en casos que impliquen corrupción en el contexto de proyectos financiados por estas dos categorías de fondos públicos. Esto podría complementarse con un análisis de los casos que involucren proyectos con fondos provenientes de los bancos multilaterales de desarrollo.
- Un próximo análisis podría contribuir a ampliar el trabajo de la OCDE en el campo del cumplimiento y las políticas gubernamentales dirigidas a prevenir y enfrentar los delitos cometidos por las empresas. Podrían compararse y contrastarse los casos en que las empresas han sido sancionadas por diversos delitos, tales como cohecho, lavado de dinero, prácticas monopólicas, delitos fiscales, delitos ambientales, fraude y violaciones a las sanciones de la ONU.

NOTAS

1. Para los fines del presente informe, el cohecho internacional se define de acuerdo con lo dispuesto en el Artículo 1 de la Convención Anticohecho de la OCDE, cuando "una persona deliberadamente ofrezca, prometa o conceda cualquier ventaja indebida pecuniaria o de otra índole a un servidor público extranjero, ya sea que lo haga en forma directa o mediante intermediarios, para beneficio de éste o un tercero; para que ese servidor actúe o se abstenga de hacerlo en relación con el cumplimiento de deberes oficiales, con el propósito de obtener o de quedarse con un negocio o de cualquier otra ventaja indebida en el manejo de negocios internacionales".
2. Marco Estratégico de San Petersburgo para el G20 ACWG (www.g20.org/sites/default/files/g20_resources/library/Saint_Petersburg_Declaration_ENG.pdf)
3. Con base en el Índice de Desarrollo Humano (IDH) de la ONU (hdr.undp.org/en/content/human development-index-hdi)
4. Una "empresa pública" es cualquier empresa, independientemente de su figura legal, sobre la cual un gobierno o gobiernos puedan directa o indirectamente ejercer una influencia dominante. Éste se considera debe ser el caso, *inter alia,* cuando el gobierno, o gobiernos, es el detentor de la mayor parte del capital suscrito de la empresa, controla la mayoría de los votos suscritos a las acciones emitidas por la empresa, o puede nombrar a la mayoría de los miembros del consejo de supervisión, del órgano administrativo o directivo de la empresa.*Comentario 14, Comentarios a la Convención para Combatir el Cohecho de Servidores Públicos Extranjeros en Transacciones Comerciales Internacionales.* Deberá considerarse que un servidor de una empresa pública cumple una función pública a menos que la empresa opere en forma comercial normal en el mercado del sector; es decir, de una manera sustancialmente equivalente a la de una empresa privada, sin subsidios preferenciales ni otros privilegios. *Comentario 15, Comentarios a la Convención para Combatir el Cohecho de Servidores Públicos Extranjeros en Transacciones Comerciales Internacionales.*
5. Esta sentencia combinada de encarcelamiento fue confirmada en apelación en los *Estados Unidos de América vs. William J. Jefferson* (www.justice.gov/criminal/fraud/fcpa/cases/jeffersonw.html). Al momento de escribir, dos personas habían presentado una petición de certiorari (solicitud para revisar la decisión de tribunales inferiores) ante la Suprema Corte de los EE.UU. el 14 de agosto de 2014 después de que se confirmó su condena por delitos cometidos bajo la Ley contra Actos Corruptos cometidos en el Extranjero de los EE.UU. de 1977 (FCPA, por sus siglas en inglés, *US Foreign Corrupt Practices Act of 1977*) y condenas de encarcelamiento de 15 y 7 años emitidas por los Tribunales de Apelación de los EE.UU. para el 11° Circuitoen mayo de 2014.
6. *Estados Unidos de América vs. Jeffrey Tesler* (www.justice.gov/criminal/fraud/fcpa/cases/tesler/2012-02-28-teslerj-judgment.pdf)

7. Esto incluye casos concluidos con una condena por el delito de cohecho internacional en un tribunal penal y casos concluidos por acuerdos (por ejemplo, operación de una empresa de manera condicional (*corporate probation*) (Canadá); sección 153(a) del Código de Procedimientos Penales (Alemania); *Patteggiamento* (Italia); Aviso de Sanción (Noruega); *Réparation* de acuerdo con lo dispuesto en el artículo 53 del Código Penal (Suiza); Convenios de No Enjuiciamiento (NPAs, por sus siglas en inglés, *Non-Prosecution Agreements)*, Convenios de Enjuiciamiento Diferido (DPAs, por sus siglas en inglés, *Deferred Prosecution Agreements*) y Convenios de Declaración/Admisión de Responsabilidad (*Plea Agreements*) (Estados Unidos)). Los casos que involucran condenas para los demás delitos quedan fuera del ámbito del presente informe, igual que los casos en relación con los cuales se haya presentado o se esté llevando a cabo una apelación.

8. La información sobre aplicación de las leyes del GTC de la OCDE está disponible en línea. (www.oecd.org/daf/anti-bribery/dataonenforcementoftheanti-briberyconvention.htm)

9. Convención Anticohecho de la OCDE, Artículo 1 (El delito de Cohecho de Servidores Públicos Extranjeros):

   > Cada parte tomará las medidas que sean necesarias para tipificar que conforme a su jurisprudencia es un delito penal que una persona deliberadamente ofrezca, prometa o conceda cualquier ventaja indebida pecuniaria o de otra índole a un servidor público extranjero, ya sea que lo haga en forma directa o mediante intermediarios, para beneficio de éste o para un tercero; para que ese servidor actúe o se abstenga de hacerlo en relación con el cumplimiento de deberes oficiales, con el propósito de obtener o de quedarse con un negocio o de cualquier otra ventaja indebida en el manejo de negocios internacionales.

10. Una característica prominente de la implementación de la Convención Anticohecho de la OCDE por parte de Alemania, es la tendencia de perseguir y sancionar los actos de cohecho internacional como delitos de cohecho comercial (sección 299 CC) o abuso de confianza (sección 266 CC) en lugar del delito de cohecho de servidores públicos extranjeros (sección 334 CC). Si bien los casos se consideran como casos de cohecho internacional para fines de evaluar la implementación de la Convención Anticohecho de la OCDE por parte de Alemania, y su aportación a la Información de Aplicación del GTC de la OCDE de Alemania, no han sido considerados como casos de cohecho internacional para fines del presente informe, que se enfoca específicamente en la aplicación de las normas que regulan el delito de cohecho internacional por las distintas jurisdicciones.

11. Por ejemplo, en el caso de los Estados Unidos, las sanciones impuestas por la Comisión de Intercambio de Valores (US SEC, por sus siglas en inglés, *Securities Exchange Commission*) y el *Departamento de Justicia* (US DOJ, por sus siglas en inglés, Department of Justice) se consideran por separado.

12. Por favor consulte la Bibliografía para obtener una lista completa de todas las bases de datos de fuente abierta.

13. *Supra*, nota 8.

14. *Estados Unidos de América vs. Hans Bodmer* (http://fcpa.shearman.com/files/fc3/ fc3897e0c75d9293e94408759a9c6c0a.pdf?i= 09330984297cc430dcc2c89f12925038); *Estados Unidos de América vs. FredericBourke Jr.*; *Estados Unidos de América vs. Thomas Farrell* (http://fcpa.shearman. com/files/ac4/ ac4d8c9ec301b8631dd29bb007be817c.pdf?i= 04e22ce600519c3904494aea223fcd94); *Estados Unidos de América vs. Clayton Lewis* (http://fcpa.shearman.com/ files/3bf/3bfeb77e8c7aaf4a558cd62dd6abab9d. pdf?i=d0706a0eda17dbeedd7adc2f3e1e5568)

15. Como se destaca en los reportes de la Fase 3 adoptados por el GTC de la OCDE, el plazo de prescripción constituye un obstáculo para la aplicación eficaz en ciertos países, en particular Italia (www.oecd.org/ daf/anti- bribery/italy-oecdanti-briberyconvention.htm). También ver Transparencia Internacional (2010), *Timed Out: Statutes of Limitations and Prosecuting Corruption in EU Countries* (www.transparency.ee/cm/files/ statutes_of_limitation_web_0.pdf).

16. Para obtener mayor información acerca del importante papel de la AJR en casos de cohecho internacional, consulte el *documento Typology on Mutual Legal Assistance in Foreign Bribery Cases* elaborado por la OCDE (www.oecd.org/daf/anti-bribery/ TypologyMLA2012.pdf).
17. G20/OECD (2011), Protection of Whistleblowers: Study on Whistleblower Protection Frameworks, Compendium of Best Practices and Guiding Principles for Legislation (www.oecd.org/daf/anti-bribery/48972967.pdf).
18. Consulte el sitio web de la ahora extinta Oficina de la ONU para el Programa Petróleo por Alimentos de Irak, para obtener información oficial acerca de la Investigación; note que el sitio oficial en la red de la Investigación no está en funcionamiento.
19. *2009 OECD Recommendation for Further Combating Bribery of Foreign Public Officials in International Business Transactions* (RecomendaciónX.B.).
20. *Supra*, nota 6.
21. Artículo 100, de la Directiva 2014/24/UE del Parlamento Europeo y del Consejo, de 26 de febrero de 2014, sobre contratación pública y por la que se deroga la Directiva 2004/18/CE.
22. Informe de la Comisión al Consejo y al Parlamento Europeo: Informe sobre la Lucha Contra la Corrupción en la UE (COM(2014) 38 Final) Bruselas, 3 de febrero del 2014 (http://ec.europa.eu/dgs/home-affairs/e-library/documents/policies/organized-crime-and-human-trafficking/corruption/docs/acr_2014_es.pdf).
23. La exclusión cruzada se lleva a cabo de acuerdo con lo dispuesto en el Acuerdo de Reconocimiento Mutuo del Cumplimiento de las Decisiones de Inhabilitación de fecha 9 de abril del 2010 (http://lnadbg4.adb.org/oai001p.nsf/0/ F77A326B818A19C548257853000C2B10/$FILE/cross-debarment-agreement.pdf), celebrado por y entre el Banco Africano de Desarrollo (AfDB, por sus siglas en inglés, *African Development Bank*), Banco Asiático de Desarrollo (ADB, por sus siglas en inglés, *Asian Development Bank*), el Banco Europeo para la Reconstrucción y el Desarrollo (EBRD, por sus siglas en inglés, *European Bank for Reconstruction and Development*), el Banco Interamericano de Desarrollo (BID), y el Banco Mundial.
24. *Supra*, nota 5.
25. Para conocer la descripción de la operación de una empresa sujeta a condición (*corporate probation*) en Canadá, consulte el informe de evaluación de la Fase 3 en Canadá emitido por el GTC de la OCDE, párrafos 60-62 (www.oecd.org/daf/anti-bribery/canada-oecdanti-briberyconvention.htm).
26. Para conocer la descripción de las sanciones impuestas en el contexto de acuerdos celebrados según la sección 153a del Código de Procedimientos Penales en Alemania, consulte el informe de evaluación de la Fase 3 de Alemania emitido por el GTC de la OCDE, párrafos 98-99 (www.oecd.org/daf/anti-bribery/germany-oecdanti-briberyconvention.htm).
27. Para conocer la descripción del *Patteggiamento* en Italia, consulte el informe de evaluación de la Fase 3 de Italia emitido por el GTC de la OCDE, párrafos 93-98 (www.oecd.org/daf/anti-bribery/italy-oecdanti-briberyconvention.htm).
28. Para conocer la descripción de los Avisos de Sanción en Noruega, consulte el informe de evaluación de la Fase 3 de Noruega emitido por el GTC de la OCDE, párrafos 63-64 (www.oecd.org/daf/anti-bribery/norway-oecdanti-briberyconvention.htm).
29. Para conocer la descripción de la disposición sobre *Réparation* en el artículo 53 del Código Penal de Suiza, consulte el informe de evaluación de la Fase 3 de Suiza emitido por el GTC de la OCDE, párrafos 38-42 (www.oecd.org/daf/anti-bribery/switzerland-oecdanti-briberyconvention.htm).

30. Para conocer la descripción de los DPA, NPA y Convenios de Declaración/Admisión de Responsabilidad (*Plea Agreements*) de los Estados Unidos, consulte el informe de evaluación de la Fase 3 en los Estados Unidos emitido por el GTC de la OCDE, párrafos 108-128 (www.oecd.org/daf/anti-bribery/unitedstates-oecdanti-briberyconvention.htm).
31. *Supra*, notas 25-30.
32. Con base en la información disponible, tanto de las empresas sancionadas, como de las empresas en que trabajan personas sancionadas en relación a la totalidad de los 427 acusados. Las pequeñas y medianas empresas se identifican de acuerdo con la Recomendación de la Comisión de la UE 2003/361/CE (http://eur-lex.europa.eu/LexUriServ/LexUriServ.do?uri=OJ:L:2003:124:0036:0041:es:PDF), que define a las PYMES como negocios con menos de 250 empleados.
33. Los sectores se identifican con referencia a la *Clasificación Industrial Internacional Uniforme de Todas las Actividades Económicas de las Naciones Unidas* (CIIU), Rev.4 (http://unstats.un.org/unsd/publication/seriesM/seriesm_4rev4s.pdf).
34. El sector de extracción incluye minería, canteras, extracción de petróleo y gas y actividades de servicios de apoyo a la minería.
35. Transparencia Internacional (2011) Índice de Fuentes de Soborno (http://transparencia.org.es/en/ifs-2011/).
36. “Administración” incluye la administración a nivel ejecutivo, ejecutivos a nivel del consejo de administración, miembros del consejo de administración y administración a nivel inferior. La información en los casos no fue suficiente para distinguir entre estas categorías.
37. *Guía de Buenas Prácticas Sobre Controles, Ética y Cumplimiento de la OCDE*, (http://www.oecd.org/daf/anti-bribery/ConvCombatBribery_Spanish.pdf)
38. Ver definición, nota 4.
39. Para mayor información, consulte las *Directrices de la OCDE sobre el Gobierno Corporativo de las Empresas Públicas* (www.oecd.org/daf/ca/oecdguidelinesoncorporategovernanceofstate-ownedenterprises.htm).
40. A fines de este análisis, los valores se indicaron en USD. En los casos donde el valor de los sobornos estaban reportados originalmente en USD, no se modificaron. En los casos donde los valores se reportaron originalmente en otras monedas (principalmente EUR, CHF, KWR, JPY), éstas fueron convertidas a USD utilizando las tasas de cambio promedio anuales oficiales de la OCDE (stats.oecd.org/index.aspx?queryid=169) del año en que ocurrió el último hecho ilícito en el caso de cohecho internacional. El valor de los casos que se decidieron en 2014 se basa en el tipo de cambio de mayo del 2014, en lugar de la tasa de cambio promedio para el año.
41. Para una explicación más detallada, consulte el documento *Identificación y Cuantificación de Fondos Provenientes de Actos de Soborno: Un análisis conjunto de la OCDE y la StAR*, OCDE (2012) (www.oecd.org/daf/anti-bribery/50057547.pdf).
42. G20/OCDE (2013), *Issues Paper on Corruption and Economic Growth* (http://www.oecd.org/g20/topics/anti-corruption/Issue-Paper-Corruption-and-Economic-Growth.pdf)
43. Estados Unidos de América vs. Siemens S.A, (Argentina), Demanda Penal (Information), párrafo 24 (www.justice.gov/criminal/fraud/fcpa/cases/siemens/12-12-08siemensargen-info.pdf)
44. OCDE (2009), *Tipologías sobre el Papel de los Intermediarios en las Transacciones Comerciales Internacionales, Informe Final* (http://www.oecd.org/daf/anti-bribery/anti-briberyconvention/49085275.pdf)

GLOSARIO*

GERENTE	Presidente o Director General de una Empresa.
MULTA CIVIL/PENAL	Multas administrativas, penales y civiles.
COMPENSACIÓN	Incluye compensación por daños civiles, compensación al Estado por costos relacionados con el caso (por ejemplo, intereses generados antes del juicio) o a las víctimas del delito.
PROGRAMA DE CUMPLIMIENTO	Ordena que una empresa desarrolle e implemente un programa de cumplimiento para revisar o reportar de manera regular acerca de su programa de cumplimiento existente o la designación de un "supervisor" de cumplimiento.
DECOMISO	Incluye el resarcimiento de las ganancias, confiscación y restitución.
INSTRUMENTO SOCIETARIO	Cuando es utilizado, el término "Instrumento Societario" tiene el mismo significado que en el informe de la OCDE *Behind the Corporate Veil – Using Corporate Entities for Illicit Purposes*. Incluye a sociedades, fideicomisos, asociaciones con características de responsabilidad limitada, fundaciones, empresas subsidiarias, firmas locales de consultoría, empresas ubicadas en centros financieros extranjeros o paraísos fiscales o empresas establecidas bajo la titularidad real del servidor público que recibió los sobornos.
EXCLUSIÓN	La sanción adicional, no automática, que consiste en la inhabilitación para participar en procesos de adquisiciones en el sector público a nivel nacional durante un cierto tiempo.
FUNCIONARIO DE DEFENSA	Funcionarios en las fuerzas armadas, empleados de empresas de defensa propiedad del estado, y servidores públicos en ministerios o secretarías de defensa.
FUNCIONARIO DIPLOMÁTICO	Funcionarios en embajadas extranjeras, embajadores y servidores públicos de ministerios o secretarías de relaciones exteriores.
APLICACIÓN DE LAS LEYES (ACCIÓN)	El acto de hacer cumplir u obedecer las leyes, reglas u obligaciones. En el ámbito del presente informe, investigar, perseguir y sancionar el delito de cohecho de servidores públicos extranjeros.
FUNCIONARIO AMBIENTAL	Funcionario en ministerios o secretarías responsables de la gestión y política ambiental.
UNIDAD DE INTELIGENCIA FINANCIERA (UIF)	La referencia de una unidad de inteligencia financiera a las autoridades que tienen a su cargo la aplicación de la ley.

* *Las definiciones solo se aplican a los términos utlizados dentro del contexto del Informe de la OCDE sobre Cohecho Internacional. Por lo tanto, estas definiciones no necesariamente constituyen definiciones oficiales de la OCDE para la terminología descrita.*

COHECHO INTERNACIONAL Deliberadamente ofrecer, prometer o conceder cualquier ventaja indebida pecuniaria o de otra índole a un servidor público extranjero, ya sea que lo haga en forma directa o mediante intermediarios, para beneficio de éste o un tercero; para que ese servidor actúe o se abstenga de hacerlo en relación con el cumplimiento de deberes oficiales, con el propósito de obtener o de quedarse con un negocio o de cualquier otra ventaja indebida en el manejo de negocios internacionales.

FUNCIONARIO DE SALUD Servidores públicos que trabajan en Ministerios o secretarías de salud, así como médicos y otros empleados de hospitales públicos.

ÍNDICE DE DESARROLLO HUMANO (IDH) El Índice de Desarrollo Humano (IDH) de la ONU es una "medición sumaria del desempeño promedio en las principales dimensiones del desarrollo humano: una vida larga y sana, tener educación y un estándar decente de vida. El IDH es la media geométrica de los índices normalizados para cada una de las tres dimensiones" (hdr.undp.org/en/statistics/hdi).

ENCARCELAMIENTO Sentencias de prisión o arresto domiciliario que no estaban bajo apelación al momento de escribir el presente informe, y no están sujetas a suspensión o condiciones.

MEDIDAS DE CUMPLIMIENTO ESPECÍFICO Las medidas de cumplimiento específico u órdenes de hacer o no hacer impidiendo a los acusados cometer futuras violaciones a las leyes anticohecho.

INTERMEDIARIO Una persona a quien se pone en contacto con dos o varias de las partes que intervienen en una actividad comercial, tales como agentes, representantes de ventas, consultores o firmas de consultoría, proveedores, distribuidores, revendedores, subcontratistas, franquiciatarios, asociados en una inversión conjunta, subsidiarias y otros socios comerciales incluyendo a abogados y contadores. Se incluyen tanto a personas físicas como entidades jurídicas, tales como firmas de consultoría y las coinversiones (*Tipologías sobre el Papel de los Intermediarios en las Transacciones Comerciales Internacionales* elaboradas por la OCDE).

REMISIÓN DE UNA OI Remisión de una organización internacional o banco multilateral de desarrollo a las autoridades encargadas de aplicar las leyes a nivel nacional.

FUNCIONARIO DE UNA OI Servidores públicos en organizaciones internacionales, casos específicos involucraron el cohecho de servidores públicos del Banco Mundial y la Comisión Europea.

AUTORIDADES ENCARGADAS DE LA APLICACIÓN DE LAS LEYES Organismos de investigación y persecución judicial, tales como jueces de investigación, fiscalías, autoridades policiales, de aduanas y protección de las fronteras.

ADMINISTRACIÓN Incluye la administración a nivel ejecutivo, ejecutivos a nivel del consejo de administración, miembros del consejo de administración y administración a nivel inferior.

MEDIOS DE COMUNICACIÓN Cobertura en los medios de comunicación y periodismo de investigación.

AUDITORÍA PARA FUSIONES Y ADQUISICIONES (F&A)	Auditorías llevadas a cabo en el marco de fusiones y adquisiciones que detectan cohecho internacional en la empresa a comprar.
AYUDA JURIDICA RECIPROCA	Casos detectados a causa de la ayuda jurídica recíproca (AJR) formal e informal entre países para investigaciones penales relacionadas.
PETRÓLEO POR ALIMENTOS	Se refiere a la Investigación Independiente en el Programa Petróleo por Alimentos de la ONU, una investigación independiente de alto nivel acerca de supuestos fraudes y corrupción en la administración y gestión del Programa Petróleo-por-alimentos de la ONU establecido de acuerdo con la resolución 986 (1995) de la ONU el 14 de abril de 1995 y resoluciones relevantes subsiguientes.
AUDITORÍA PARA COTIZAR EN BOLSA	Auditoría antes de cotizar en la bolsa de valores de los EE.UU.
FUNCIONARIO DE ADQUISICIONES DEL SECTOR PÚBLICO	Servidores públicos responsables de adquisiciones de bienes y servicios para el gobierno, incluyendo la adquisición relacionada con proyectos de infraestructura con fondos públicos.
INGRESOS/GANANCIAS	Los términos "ganancias" e "ingresos" se usan de manera indistinta, y tienen el mismo significado que en el análisis *Identificación y Cuantificación de Fondos Provenientes de Actos de Soborno: Un análisis conjunto de la OCDE y la StAR.* Éstos son términos genéricos que definen las ganancias, beneficios o el valor monetario obtenido por quien comete el soborno como consecuencia de haber pagado o prometido pagar un soborno o cualquier ventaja indebida a un servidor público.
EMPRESAS PÚBLICAS, EMPRESAS PROPIEDAD DE O CONTROLADAS POR EL ESTADO (EPE)	Una empresa pública es cualquier empresa, independientemente de su figura legal, sobre la cual un gobierno o gobiernos puedan directa o indirectamente ejercer una influencia dominante. Éste se considera debe ser el caso, *inter alia*, cuando el gobierno, o gobiernos, es el detentor de la mayor parte del capital suscrito de la empresa, controla la mayoría de los votos suscritos a las acciones emitidas por la empresa, o puede nombrar a la mayoría de los miembros del consejo de supervisión, del órgano administrativo o directivo de la empresa. (*Comentario 14, Comentarios a la Convención para Combatir el Cohecho de Servidores Públicos Extranjeros en Transacciones Comerciales Internacionales*). Deberá considerarse que un servidor de una empresa pública cumple una función pública a menos que la empresa opere en forma comercial normal en el mercado del sector; es decir, de una manera sustancialmente equivalente a la de una empresa privada, sin subsidios preferenciales ni otros privilegios. *Comentario 15, Comentarios a la Convención para Combatir el Cohecho de Servidores Públicos Extranjeros en Transacciones Comerciales Internacionales.*
FUNCIONARIOS DE RECURSOS NATURALES	Servidores públicos de ministerios o secretarías de agricultura, pesca, petróleo o minería.
FUNCIONARIOS DE TRANSPORTE	Servidores públicos de ministerios o secretarías de transporte, organismos de aviación civil, aerolíneas del estado u organismos públicos ferroviarios.

SECTORES	Identificados con referencia a la Clasificación Industrial Internacional Uniforme de Todas las Actividades Económicas de las Naciones Unidas (CIIU), Rev.4 (http://unstats.un.org/unsd/publication/seriesM/seriesm_4rev4s.pdf).
DENUNCIA VOLUNTARIA	La práctica, en algunas jurisdicciones, de dar a conocer a las autoridades encargadas de la aplicación de las leyes conductas que pueden implicar violaciones a las leyes que prohíben el cohecho de servidores públicos extranjeros. Por lo general, las denuncias voluntarias se hacen con el objetivo de recibir indulgencia, o entablar negociaciones para celebrar un acuerdo con base un una Declaración/Admisión de Responsabilidad o acuerdos civiles.
PEQUEÑAS Y MEDIANAS EMPRESAS (PYMES)	Identificadas de acuerdo con la Recomendación 2003/361/CE de la Comisión de la UE, que define las PYMES como negocios con menos de 250 empleados.
SENTENCIA DE PRISION EN SUSPENSO	Sentencias de prisión en suspenso y órdenes de libertad condicional.
CAPACITACIÓN / FORMACIÓN	Casos de cohecho internacional revelados por empleados que estaban recibiendo capacitación sobre cohecho internacional.
VALOR DE LA OPERACIÓN	El valor de la operación o contrato que resultó del cohecho internacional. Es diferente de (y mayor a) las ganancias obtenidas por personas y empresas de las transacciones de cohecho internacional.

REFERENCIAS

Informes de la OCDE por país acerca de la implementación de la Convención Anticohecho de la OCDE (http://www.oecd.org/daf/anti-bribery/countryreportsontheimplementationoftheoecdanti-briberyconvention.htm)

Información de la OCDE acerca de la aplicación de la Convención Anticohecho de la OCDE (www.oecd.org/corruption/dataonenforcementoftheanti-briberyconvention.htm)

Oficina del Procurador General, Suiza (www.bundesanwaltschaft.ch/index.html?lang=en)

Compendio Internacional TRACE (www.traceinternational.org/Knowledge/Compendium.html)

Informes sobre Avances sobre la Aplicación de la Convención Anticohecho de la OCDE publicados por Transparencia Internacional (www.transparency.org/whatwedo/activity/our_work_on_conventions)

Reporte de Casos de la Oficina de Fraudes Graves del Reino Unido (www.sfo.gov.uk/our-work.aspx)

Departamento de Justicia de los EE.UU. FCPA y Acciones de Aplicaciones relacionadas con dicha ley (www.justice.gov/criminal/fraud/fcpa/cases/a.html)

Acciones de Cumplimiento de la Comisión de Títulos y Valores (SEC, por sus siglas en inglés, *Securities and Exchange Commission*) de los EE.UU.: Casos FCPA (www.sec.gov/spotlight/fcpa/fcpa-cases.shtml)

Lista del Banco Mundial de Empresas y personas No Elegibles, Vice-Presidencia de Integridad (http://web.worldbank.org/external/default main?contentMDK=64069844&menuPK=116730&pagePK=64148989&piPK=64148984&querycontentMDK=64069700&theSitePK=84266#notes)

Oficina del Banco Mundial para la Suspensión y Exclusión, Reporte de Funciones, Información y Lecciones Aprendidas 2007-2013 (siteresources.worldbank.org/EXTOFFEVASUS/Resources/OSDReport.pdf)

ORGANIZACIÓN PARA LA COOPERACIÓN Y EL DESARROLLO ECONÓMICOS

La OCDE constituye un foro único en su género, donde los gobiernos trabajan conjuntamente para afrontar los retos económicos, sociales y medioambientales que plantea la globalización. La OCDE está a la vanguardia de los esfuerzos emprendidos para ayudar a los gobiernos a entender y responder a los cambios y preocupaciones del mundo actual, como el gobierno corporativo, la economía de la información y los retos que genera el envejecimiento de la población. La Organización ofrece a los gobiernos un marco en el que pueden comparar sus experiencias políticas, buscar respuestas a problemas comunes, identificar buenas prácticas y trabajar en la coordinación de políticas nacionales e internacionales.

Los países miembros de la OCDE son: Alemania, Australia, Austria, Bélgica, Canadá, Chile, Corea, Dinamarca, Eslovenia, España, Estados Unidos de América, Estonia, Finlandia, Francia, Grecia, Hungría, Irlanda, Islandia, Israel, Italia, Japón, Luxemburgo, México, Noruega, Nueva Zelanda, Países Bajos, Polonia, Portugal, Reino Unido, República Checa, República Eslovaca, Suecia, Suiza y Turquía. La Comisión Europea participa en el trabajo de la OCDE.

Las publicaciones de la OCDE aseguran una amplia difusión de los trabajos de la Organización. Éstos incluyen los resultados de la compilación de estadísticas, los trabajos de investigación sobre temas económicos, sociales y medioambientales, así como las convenciones, directrices y los modelos desarrollados por los países miembros

PUBLICACIONES DE LA OCDE, 2, rue André-Pascal, 75775 PARIS CEDEX 16
(28 2014 01 4 P) ISBN 978-92-64-22664-7 - 2015

www.ingramcontent.com/pod-product-compliance
Lightning Source LLC
LaVergne TN
LVHW082053051026
849532LV00011B/3581
9789264226647